Kuratorium Knochengesundheit e.V. (Hrsg.)



# Sprechstunde Osteoporose

- Vorbeuge-Programm gegen Knochenschwund
- Erste Anzeichen erkennen
- Schmerzen lindern, Knochen stärken
- Praktische Hilfen für den Alltag



GU GRÄFE UND UNZER

# Inhalt

*Man muß das Unmögliche versuchen,*
*um das Mögliche zu erreichen.*

*Hermann Hesse*

# Liebe Leserin, lieber Leser,

Vor neun Jahren haben Ärzte und Patienten das Kuratorium Knochengesundheit gegründet, um Menschen, die an Osteoporose erkrankt sind, Hilfestellung zu bieten.

Da die diagnostischen und therapeutischen Möglichkeiten durch jahrelange Forschungsarbeit deutlich verbessert wurden, ist heutzutage eine Behandlung beziehungsweise Vorbeugung der Osteoporose möglich.

Die Mehrzahl der Wissenschaftler, die sich in Deutschland mit der Krankheit Osteoporose beschäftigen, unterstützen seither das Kuratorium Knochengesundheit aktiv bei seiner Arbeit. Die Mitglieder des wissenschaftlichen Beirates des Kuratoriums haben nun gemeinsam ein Buch geschrieben, das das heutige Wissen über Entstehung, Vorbeugung und Therapie von Osteoporosen für den Laien verständlich darstellt. Unter den Autoren finden sich führende Spezialisten Deutschlands sowie international anerkannte Experten. Was sie in diesem Buch festgehalten haben, kann mit Fug und Recht als gesichert gelten.

Häufig vermitteln Bücher über Krankheiten eine gewisse Bedrohlichkeit. Wer liest schon gern, was den eigenen Körper zerstören könnte. Dabei nimmt Osteoporose unter den chronischen Krankheiten des Bewegungsapparates eine Sonderstellung ein, da eine Behandlung das Fortschreiten der Krankheit nicht nur aufhalten, sondern sogar dazu beitragen kann, daß der Knochen, der an Substanz verlor, diese zurückgewinnt.

Dieses Buch liefert die verschiedensten Informationen zum Umgang mit der Krankheit Osteoporose: Maßnahmen zum Erhalt der Knochengesundheit, Verfahren zur Genesung, Einnahme und Wirkungsweise von Medikamenten, Ernährungsratschläge sowie Bewegungsübungen.

Dieses Buch soll nicht ängstigen, sondern Mut machen, auch mit Osteoporose ein positives und aktives Leben zu führen. Es soll dazu ermutigen, bei Furcht vor dem Entstehen einer Osteoporose die erfolgreichen Möglichkeiten der Vorbeugung zu nutzen.

Wenn auch nach der Lektüre dieses Buches noch Fragen offen sind: Das Kuratorium Knochengesundheit steht mit all seinen Mitarbeitern zur Verfügung, um Antworten zu finden. Nur Mut beim Fragen – es gibt nämlich keine dummen Fragen, es gibt nur dumme Antworten!

*Helmut W. Minne*
*Sekretär des Kuratorium Knochengesundheit e.V.*

# 1 Was ist Osteoporose?

## Wenn Knochen schwinden

Wer an Osteoporose leidet, hat Knochen, deren Struktur zerstört ist. Die Knochensubstanz schwindet und wird brüchig. Übersetzt bedeutet der medizinische Fachbegriff Osteoporose »poröser Knochen«.

Eigentlich kommt es nur dann zu Brüchen, wenn eine Kraft auf unsere Knochen einwirkt, die stärker ist als die Knochen selbst. Die Gefahr, beispielsweise bei einem Sturz einen Bruch zu erleiden, steigt, wenn die Widerstandskraft der Knochen nachläßt. Osteoporose entsteht als Folge von Krankheiten oder Störungen, die den Stoffwechsel beeinträchtigen. Es handelt sich also um eine Stoffwechselkrankheit, die Masse, Struktur und Funktion der Knochen vermindert. Das Knochengewebe wird instabil, und es kommt zu Brüchen, auch wenn die Kraft, die auf die Knochen einwirkt, sehr gering ist. Auf diese Weise bedeutet schon das Heben einer zwar schweren, aber nicht ungewöhnlich schweren Last, eine heftige Umarmung oder eine Erschütterung, wie etwa beim Stolpern über eine Stufe, eine große Gefahr für Osteoporose-Patienten. Die Behandlung der Osteoporose hat unter anderem zum Ziel, die Entstehung von Knochenbrüchen zu verhindern.

# Der Aufbau unserer Knochen

Die Substanz, aus der sich unsere Knochen zusammensetzen, nennt man Knochengewebe. Es besteht aus zwei verschiedenen Stoffgruppen: den sogenannten anorganischen Knochensalzen, die sozusagen den Knochenbeton bilden, und dem organischen Faserwerk, das dem Knochen Elastizität verleiht. Diese Mischung aus druckfestem Material, auch Hydroxylapatit genannt, und kollagenen Fasern ergibt einen geeigneten Werkstoff, der die Knochen zugleich widerstandsfähig und elastisch macht.

Bei einer genaueren mikroskopischen Untersuchung des Knochengewebes kann man eine Vielzahl von Knochenzellen erkennen, die ständig am Knochen arbeiten.

Unser gesamter Körper besteht ja aus zahlreichen solcher Zellen, die kleinste Einheiten darstellen, die wiederum nicht nur in sich selbst, sondern auch in Zusammenarbeit miteinander funktionieren. Der Zellaufbau gleicht einem kleinen Unternehmen: Zellen verfügen über eine zentrale Leitungsstelle, den sogenannten Zellkern, der alle Zellfunktionen steuert. Dort liegen die Baupläne für sämtliche Substanzen vor, die eine Zelle produzieren kann. Wenn der Organismus verlangt, daß eine Zelle eine bestimmte Substanz neu ausbildet, wird dieser Befehl über den Zellkern erteilt, der dann wiederum in Aktion tritt und die Produktion ankurbelt.

## Der Knochenstoffwechsel

Es gibt nun eine Reihe von Zellsorten, die den Knochen aufbauen und ihn gegebenenfalls auch reparieren können.

Zellen, die den Knochen aufbauen, nennt man Osteoblasten. Sie vermögen die Substanzen zu bilden, die für den Knochenaufbau nötig sind. Sie können aber auch die Funktion von anderen Zellen steuern, etwa die der knochenabbauenden Osteoklasten.

**Osteoblasten bauen Knochen auf, Osteoklasten bauen Knochen ab**

Osteoblasten und Osteoklasten arbeiten bei einem intakten Stoffwechsel gezielt miteinander und beeinflussen sich gegenseitig. Im Krankheitsfall kann es zu einer Störung dieser Zusammenarbeit kommen, das heißt die Leistungsfähigkeit der Osteoblasten vermindert sich, während die der Osteoklasten zunimmt.

Zur Erhaltung unserer Knochen bauen die Zellen den Knochen dauernd um; sie ersetzen gealtertes Knochenmaterial durch neu gebildetes. Auf diese Weise paßt sich die Knochenform den verschiedensten Verhältnissen an. Nimmt die

Belastung der Knochen zu, weil sich beispielsweise die Muskelkraft durch Training vergrößerte, passen sich auch die Knochen diesem Zustand an und vestärken ihre Strukturen, indem sie an Masse zunehmen.

Mit fortgeschrittenem Alter verändert sich die Belastbarkeit der Knochen. Aus diesem Grund richtet der Knochenstoffwechsel, also der dauernde Knochenaufbau und -abbau, die Strukturen der Knochen diesen Veränderungen entsprechend aus.

Kommt es einmal zu einem örtlich begrenzten, in der Regel nicht bemerkten, kleinen Bruch, auch Mikrofraktur genannt, sind die Knochenzellen in der Lage, das zerstörte Material abzubauen und durch neues Material zu ersetzen.

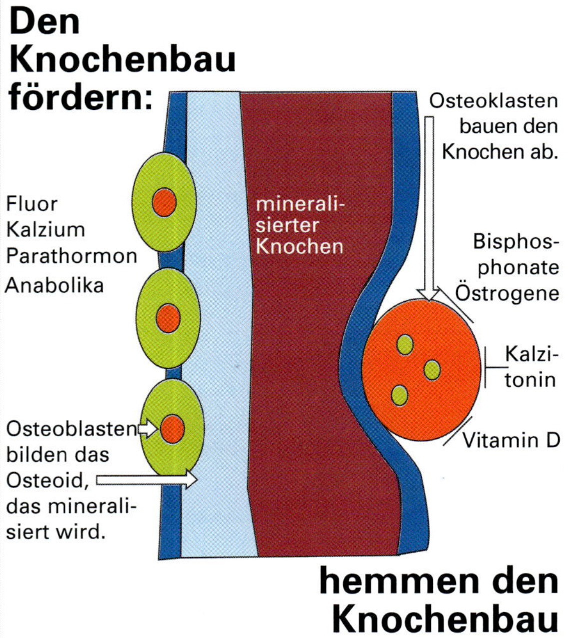


*Der Knochenanbau und -abbau durch Osteoblasten und Osteoklasten sowie der Einfluß von verschiedenen Substanzen auf diese Zellen.*

### Der Knochen braucht Kalzium

Ein Erwachsener hat rund 1 bis 1,5 Kilogramm Kalzium in seinen Knochen gespeichert, das für die Knochenfestigkeit sorgt. Täglich geht Kalzium vor allem über Urin und Stuhl verloren. Wird über die Nahrung nicht genügend Kalzium zugeführt, um die täglichen Kalziumverluste auszugleichen, »bedient« sich der Körper an dem Kalzium in den Knochen.

## Welche Funktion haben unsere Knochen?

### Die Rolle der Hormone

Botenstoffe – Hormone – steuern den Weg des Kalziums von der Nahrung über das Blut in die Knochen und wieder zurück vom Knochen in das Blut. Die genauen Mechanismen sind noch nicht bekannt. Folgende Hormone spielen die Hauptrollen bei der Steuerung des Knochenstoffwechsels:

- Parathormon, das in der Nebenschilddrüse gebildet wird und auf verschiedenen Wegen den Kalziumgehalt im Blut erhöhen kann.
- Kalzitonin, das in der Schilddrüse gebildet wird und als »Gegenspieler« des Parathormons den Kalziumgehalt im Blut senken kann.
- Vitamin-D-Hormon, das in der Niere aus Vitamin D gebildet wird. Es hilft, das Kalzium aus der Nahrung aufzunehmen und bewirkt den Einbau von Kalzium in die Knochen.
- Östrogene und Androgene, die Geschlechtshormone, die den Knochenstoffwechsel steuern, indem sie Parathormon, Kalzitonin und Vitamin-D-Hormon beeinflussen.

Die Funktionen unserer Knochen sind sehr vielfältig: Sie schützen empfindliche Strukturen, beispielsweise das Gehirn, sie vermitteln aber auch die Beweglichkeit, die unsere Muskulatur ermöglicht. Bewegung entsteht, weil die Fähigkeit der Muskeln, sich zu verkürzen, auf gelenkig miteinander verbundene Knochen übertragen wird. Spannen wir zum Beispiel unseren zweiköpfigen Oberarmmuskel – auch Bizeps genannt – an, wirkt dieser mittels einer kräftigen Sehne auf die Knochen des Unterarms, und es kommt zu einer Beugung im Ellenbogengelenk.

Knochen dienen aber auch zur Übertragung von Schallwellen, die von außen in unser Innenohr gelangen, wo sie wiederum in Töne umgewandelt werden. Kein Laut erreicht unsere Sinne ohne die Leitung der Schallwellen über Knochenhammer, Amboß und Steigbügel.

Die Wirbelknochen tragen den Rumpf, sind Widerlager für die Rippen, die das Atmen ermöglichen, und umhüllen schützend das Rückenmark, das die Körperperipherie mit dem Gehirn verbindet.

Im Inneren der Knochen befindet sich das Blut bildende Knochenmark. Besonders in den Schwammknochen (Spongiosa)

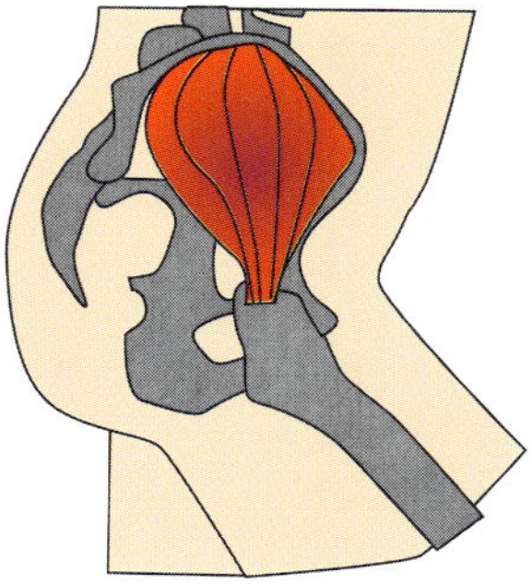

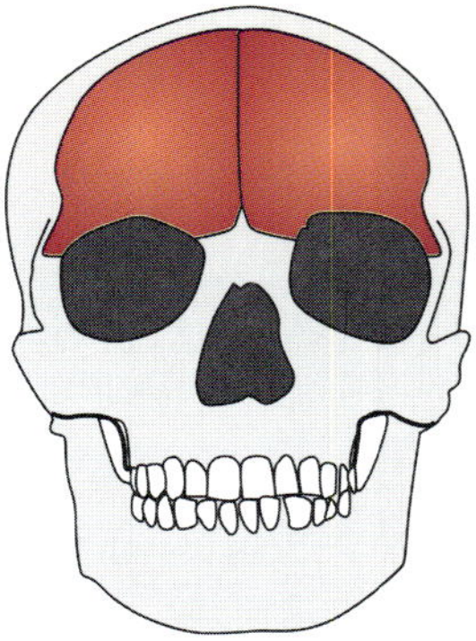

Knochen bilden mit Muskeln und Sehnen den Bewegungsapparat.

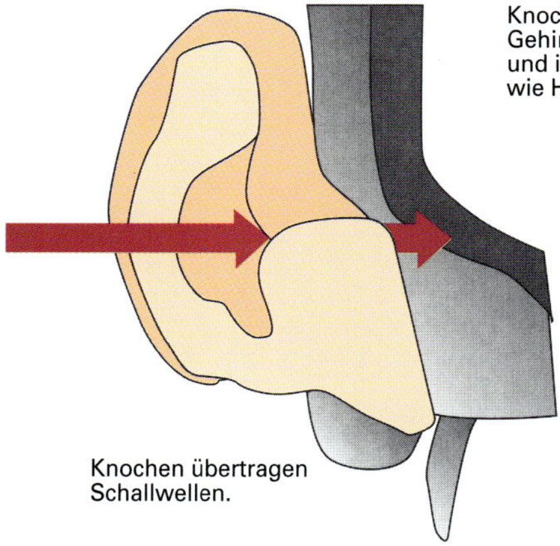

Knochen übertragen Schallwellen.

Knochen schützen Gehirn, Innenohr und innere Organe wie Herz und Lungen.

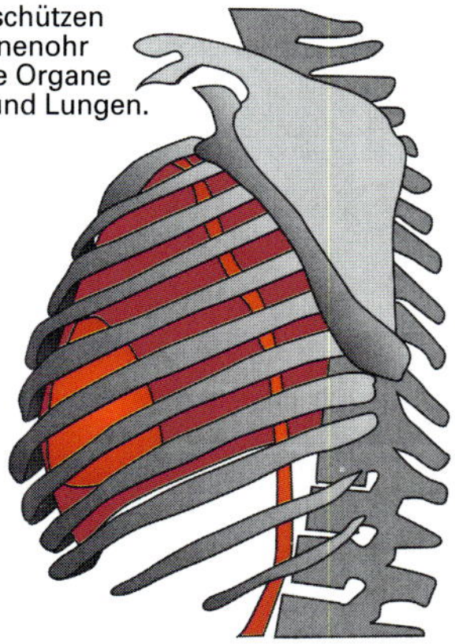

Knochen speichern Kalzium.

*Ein Überblick über die vielfältigen Aufgaben von Knochen im Körper.*

# Wie entsteht Osteoporose?



der Wirbelsäule entstehen täglich Millionen Blutzellen.

Und schließlich speichern die Knochen das Element Kalzium – beim erwachsenen Menschen immerhin 1 bis 1,5 Kilogramm. In Zeiten ungenügender Kalziumversorgung durch die Nahrung greift der Körper auf diesen Kalziumspeicher zurück. Während des Heranwachsens werden die Kalziumspeicher für den Knochenbau gefüllt.

Um dieser Vielfalt von Funktionen gerecht zu werden, gibt es verschiedene Knochenformen: lange, kurze, platte, runde und eckige Knochen in unterschiedlichen Größen.

Bei langen Knochen setzt der Körper die Knochensubstanz in Form von Röhren ein, bei kurzen Knochen und überall dort, wo Muskulatur eine Kraft auf die Knochen einwirken läßt, haben wir schwammartig aufgebaute, trabekuläre Knochen. Ihre feinen Strukturen sind miteinander vernetzt und erreichen so mehr Stabilität.

Wird die Struktur des Knochens zerstört, geht die mechanische Festigkeit des Knochens verloren und er bricht – sogar bei nur geringer Belastung.

Alle Störungen und Krankheiten, die die Funktion der Knochenzellen beeinflussen, können zu Osteoporose führen, weil die Zellen die Knochensubstanz beim Knochenumbau nicht vollständig ersetzen konnten. Die Folge: Die Knochenmassebilanz stimmt nicht mehr, die Knochen werden porös und verlieren ihre Festigkeit.

Der Verlust der Knochensubstanz entsteht beispielsweise, wenn Bestandteile, aus denen der Knochenwerkstoff gebildet werden soll, nicht in ausreichendem Maße zur Verfügung stehen.

Auch bestimmte Medikamente oder ein Überangebot beziehungsweise ein Mangel an einigen anderen Hormonen können Störungen der Knochenzellfunktion hervorrufen (Seite 27).

## Osteoporose als Folge von Mangelerscheinungen

Knochenschwund kann auftreten, wenn es dem Körper an Baustoffen mangelt. Ein solcher Baustoff ist Kalzium. Das Knochensalz Hydroxylapatit besteht aus Sauerstoff, Wasserstoff, Phosphor und Kalzium. All diese Stoffe – mit Ausnahme von Kalzium – stehen dem Organismus immer in ausreichender Menge zur Verfügung. Ein Kalziummangel wirkt sich negativ auf die Produktion des Knochenwerkstoffs aus.

Fehlt es dem Organismus am Baustoff Vitamin D, ist die Ausbildung des im Körper aktiven Vitamin-D-Hormons nicht mehr gewährleistet (Seite 34). Da die Steuerung der Knochenzellen aber zu den Aufgaben dieses Hormons gehört, liegt bei mangelhafter Versorgung mit Vitamin D eine Funktionsstörung in den Zellen vor, und die Bildung des für die Knochenfestigkeit wichtigen Hydroxylapatits ist gefährdet.

Eine Abnahme der Geschlechtshormone führt dazu, daß Kalzium aus dem Knochen gelöst wird und der Kalziumgehalt im Blut sowie die Kalziumausscheidungen über Stuhl und Urin erhöht werden. Sind genügend Geschlechtshormone vorhanden, vermögen sie den Knochen vor dem Abbau von Kalzium zu schützen. Fehlen sie, kommt es zu einem gesteigerten Knochenmasseverlust (Seite 36).

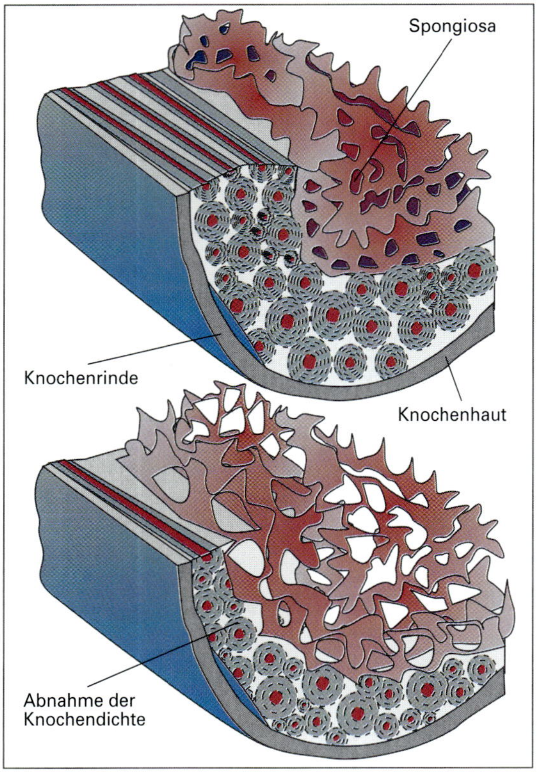


*Oben ist ein gesunder Knochen als Schemazeichnung abgebildet: Knochenanbau und -abbau stehen in einem ausgeglichenen Verhältnis. Unten ist ein osteoporotischer Knochen abgebildet: Die Knochendichte ist geringer, im Inneren ist der Knochen porös geworden.*

# Die verschiedenen Arten von Osteoporose und ihre Folgen



Natürlich kann der Stoffwechsel des Knochens auf verschiedene Weise gestört werden. In der Fachliteratur unterscheidet man zwischen primären und sekundären Osteoporosen.

Während die sekundären Osteoporosen eindeutig auf eine beschreibbare Ursache zurückzuführen sind – als Folge oder Begleiterscheinung von anderen Krankheiten wie zum Beispiel bei Hormonstörungen oder nach langfristiger Einnahme bestimmter Medikamente wie Kortison –, kann die Ursache einer primären Osteoporose nicht eindeutig bestimmt werden. Anhand der Risikofaktoren (Seite 26), die der Arzt abfragt, läßt sich die Ursache vermuten. Es gibt zwei Typen von primären Osteoporosen:

- Typ-I-Osteoporose, die fast ausschließlich Frauen betrifft. Etwa acht bis zehn Jahre nach der Menopause, der letzten Monatsblutung, kommt es zum ersten Knochenbruch vor allem der Wirbelkörper von Brust- und Lendenwirbelsäule. Von dieser Osteoporose sind rund ein Drittel aller Frauen in den Wechseljahren betroffen.
- Typ-II-Osteoporose, an der auch Männer erkranken. Jenseits des 70. Lebensjahres kommt es zum ersten Knochenbruch, der an Wirbelkörpern und Röhrenknochen auftreten kann. Bei der Typ-II-Osteoporose treten häufig Oberschenkelhalsbrüche auf. Die Typ-II-Osteoporose wird auch senile oder Altersosteoporose genannt. »Senil« in diesem Zusammenhang stammt aus dem englischen Sprachgebrauch und bedeutet älter als 70 bis 75 Jahre.

Die Entstehung einer senilen Osteoporose wird durch eine ganze Reihe von Faktoren gefördert: Dazu gehören unter anderem Mangelerscheinungen, zu wenig Bewegung oder eine genetische Veranlagung.

## Die Wechseljahresosteoporose

Eine Funktionsstörung der Knochenzellen kann bei Frauen im Alter zwischen 45 und 55 auftreten, wenn der Organismus die Bildung der Sexualhormone einschränkt und schließlich einstellt.

Die Knochen reagieren ausgesprochen empfindlich auf Sexualhormone. Dies wird verständlich, wenn man die Vorgänge bei der Fortpflanzung betrachtet: Mit dem Stillen gibt die Mutter täglich eine große Menge Kalzium an ihr Kind ab, das dieses Kalzium für seinen eigenen Knochen-

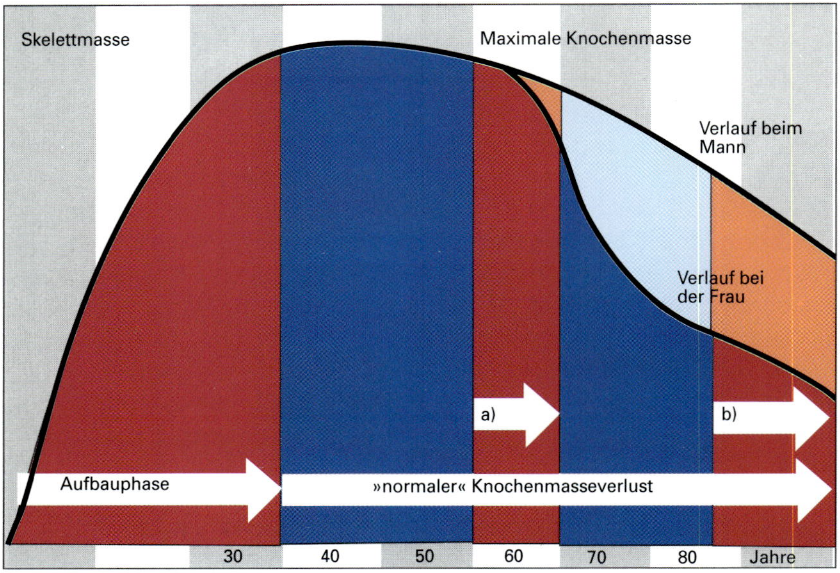


*Altersabhängige Veränderungen der Knochenmasse (Schemazeichnung):*
*a) beschleunigter Abbau nach der Menopause;*
*b) beschleunigter Abbau im höheren Alter.*

aufbau dringend braucht. Dabei geht der Mutter eine beträchtliche Menge an Kalzium aus ihrem Kalziumspeicher, den Knochen, verloren.

Daher müssen die Kalziumspeicher einer Frau aufgefüllt werden, bevor sie anfängt, ihr Kind zu stillen – also in der Schwangerschaft. Dies wird durch die während der Schwangerschaft stark ansteigenden Konzentrationen der Sexualhormone Östrogen und Gestagen im Blut der Mutter veranlaßt. Mit dem Ende der Schwangerschaft nehmen die Konzentrationen an diesen Sexualhormonen abrupt ab und signalisieren dadurch den Knochen, ihren Stoffwechsel zu ändern und Kalzium freizusetzen, das dann für die Muttermilch zur Verfügung steht.

Die gleiche Reaktion ruft bei einigen Frauen der normale Abfall der Sexualhormone hervor, der die Wechseljahre verursacht. Deshalb ist die Wahrscheinlichkeit, daß Frauen im mittleren Alter, also zwischen dem 55. und 65. Lebensjahr, Osteoporose bekommen, weitaus größer als bei Männern. Die hormonproduzierenden Hoden der Männer stellen nämlich die Hormonbildung nicht so früh ein, sondern können das Testosteron in der Regel bis ins hohe Alter bilden. Im fortgeschrittenen Alter kann aber auch der Mann an Knochenschwund leiden (Seite 30).

**Welche Folgen hat Osteoporose?**

Die Knochen von Osteoporosepatienten können schon bei geringer Belastung brechen. Wie wirken sich diese Brüche auf den Körper aus?

Verlieren Wirbelkörper durch einen Bruch ihre ursprüngliche Form, kann es zu folgenden – oft chronischen – Beschwerden kommen (siehe auch Seite 44):

• Durch die Verkürzung des Rumpfes verringert sich die Körpergröße um zehn bis fünfzehn Zentimeter. Der Mensch wird kleiner, der Körper verändert seine Proportionen: Arme und Beine erscheinen im Vergleich zum Rumpf überlang.

• Keilartige Verformungen insbesondere der Brustwirbelkörper verursachen einen Rundrücken, und der Kopf sinkt nach vorn auf den Brustkorb.

• Die Zwischengelenke geraten in Fehlstellung zueinander. Die Rumpfmuskulatur muß zusätzliche Arbeit verrichten, um trotz der zerstörten Wirbel eine aufrechte Haltung und Beweglichkeit einigermaßen zu gewährleisten. Fehlgestellte Gelenke verschleißen, Schmerzen treten auf, und fehlbelastete Muskeln verspannen, was wiederum zu starken Schmerzen führt. Die Beschwerden gleichen einem sehr starken Muskelkater. Oftmals berichten Patienten im fortgeschrittenen Krankheitsstadi-

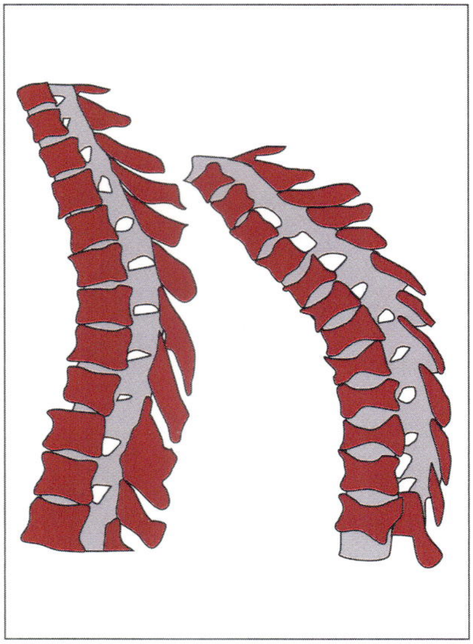

*Links die schematische Darstellung einer gesunden Wirbelsäule, rechts eine osteoporotisch veränderte Wirbelsäule: Die Wirbelknochen sind im Inneren porös geworden und dadurch in sich zusammengebrochen. Die Wirbelsäule verkürzt sich.*

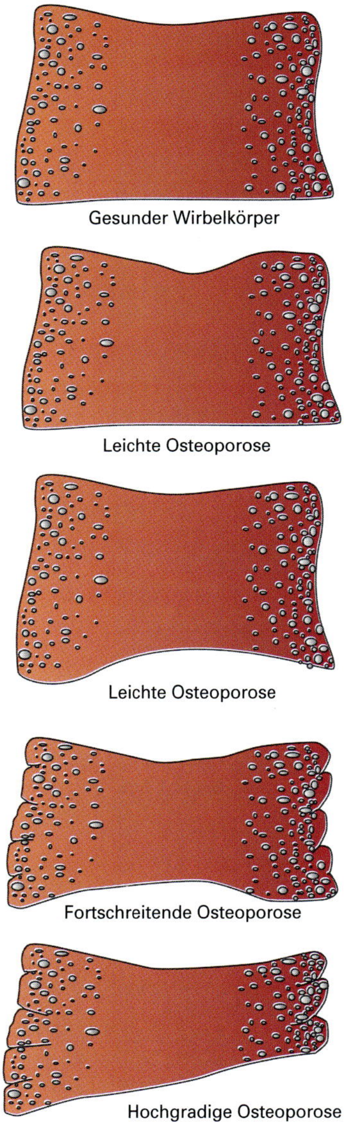


um, daß sie in ihrem Bewegungsapparat eine gewisse Müdigkeit empfinden. Eine Linderung ist nur durch Einschränkung der körperlichen Belastung möglich.

- Der Rippenkäfig sinkt nach vorn, und die unteren Rippen geraten in die Nähe des Beckenkamms.

Im ungünstigen Fall entstehen reibende Kontakte zwischen den Rippen und dem Beckenkamm. Die zwischen den beiden Strukturen liegenden Muskeln werden gequetscht, und bei Seitwärtsneigung ist ein dumpfer, brennender Schmerz spürbar.

Diese zum Teil sehr heftigen Beschwerden verschwinden in der Regel einige Wochen nach einem Wirbelbruch. Hat die Gesamtarchitektur der Wirbelsäule nach mehreren Wirbelbrüchen jedoch Schaden genommen, führen die dargestellten Veränderungen zu einem dauerhaften Beschwerdebild mit

*Schemazeichnung: Veränderungen von Wirbelkörpern als Folge von osteoporotischen Brüchen im Verlauf zunehmender Erkrankung.*

## Wann kommt es zum Knochenbruch?

Übersteigt bei einem Sturz oder bei Überanstrengung die auf den Knochen einwirkende Kraft dessen Widerstandskraft, kommt es zum Bruch des Knochens – vor allem in der Oberschenkelhalsregion (Seite 123). Die Folgen sind aufwendige medizinische Betreuung, schwierige Operationen, Knochennagelung oder sogar Ersatz des geborstenen Knochens durch ein künstliches Hüftgelenk.

Der Sturz auf die Seite erhöht das Risiko eines Oberschenkelhalsbruches um mehr als das Zehnfache. Der ungeschützt unter der Haut befindliche Rollhügel des Oberschenkelknochens (durch Tasten in der Hüftregion leicht fühlbar) prallt in der Regel bei einem Sturz auf die Seite auf festen Untergrund. Das Körpergewicht belastet den Aufprall zusätzlich, dabei können sogar Knochen, die nicht durch Osteoporose beschädigt sind, brechen.

Der Sturz auf den Rücken verdoppelt das Risiko eines Oberschenkelhalsbruches. Das betrifft vor allem große Menschen, da die größere Fallhöhe den Aufprall des Knochens um ein Vielfaches verstärkt.

Schmerzen, gesteigerten Ermüdungserscheinungen des Bewegungsapparats und Einschränkungen der Leistungsfähigkeit. Ein Oberschenkelhalsbruch kann ebensolche Folgen haben.

In der Regel wird sofort versucht, den gebrochenen Knochen durch operative Maßnahmen wiederherzustellen. Ein solcher Eingriff muß oftmals ohne Rücksicht auf den Allgemeinzustand des Patienten durchgeführt werden. Herzschwäche oder Atembeschwerden können unter dieser Belastung und der pflegerischen Nachsorge eine lebensgefährliche Bedrohung darstellen.

Einer dänischen Untersuchung zufolge wird etwa ein Drittel der Osteoporose-Patienten versorgungspflichtig invalide, und die Mehrzahl benötigt zukünftig eine Gehhilfe.

# Nimmt die Osteoporose tatsächlich zu?

**Osteoporose ist nicht nur eine Erkrankung von älteren Menschen**

Es kann nicht ausgeschlossen werden, daß Osteoporosen heute häufiger sind als früher. Eine mögliche Ursache dafür liegt in der schlechten Versorgungslage zwischen den Jahren 1945 und 1950. Die damals heranwachsende Generation konnte aufgrund der mangelhaften Ernährung die Knochen nicht optimal aufbauen. Die Folge: Verlust der Knochensubstanz im Alter.

Aber auch die steigende Lebenserwartung des Menschen erhöht die Zahl der Osteoporose-Patienten. Noch um die Jahrhundertwende betrug die Lebenserwartung durchschnittlich 45 bis 50 Jahre, heute erreichen Männer etwa ein Alter von 73 und Frauen ein Alter von 80 Jahren. Das bedeutet natürlich, daß die Zahl der Menschen steigt, die ein Alter erreichen, in dem Osteoporosen mit ihren Folgen gehäuft auftreten. Dabei erkranken durchaus nicht nur ältere Menschen an Osteoporose: Häufig erleiden Patienten erste Knochenbrüche, wenn sie noch im Berufsleben stehen, und sekundäre Osteoporosen (Seite 15) treten auch bei jungen Menschen auf.

## Osteoporose im Blickpunkt

Natürlich richten Ärzte heute ihre Aufmerksamkeit wesentlich gezielter auf diese Erkrankung, und in Diagnostik und Behandlung sind große Fortschritte erreicht worden. Noch vor wenigen Jahren hieß es: »Da kann man sowieso nichts machen.« Es standen weder die Geräte zur Frühdiagnostik noch Medikamente zur Behandlung der Osteoporose zur Verfügung. In der Regel wurde eine Osteoporose erst diagnostiziert, wenn Knochenbrüche ein Spätstadium der Krankheit anzeigten.

Heute kann man mit Hilfe moderner technischer Geräte den Knochenschwund bereits lange vor dem ersten Knochenbruch erkennen (Seite 42).

Es stehen Medikamente zur Verfügung, die nicht nur den weiteren Knochenabbau verhindern, sondern den Knochenaufbau auch erneut stimulieren (Seite 61).

Die Perspektiven auf Heilung sehen für Osteoporose-Patienten gar nicht so düster aus, wie es der Volksmund immer behauptet. Viele ältere Menschen haben in der Vergangenheit den Eindruck bekommen, daß ihre Knochen »nichts mehr taugen«, daß sowieso alles zu spät und nutzlos

*Die Diagnose »Osteoporose« muß nicht verhindern, daß Sie noch viel vom Leben erwarten.*

sei. Wer immer wieder Negatives zu hören bekommt, glaubt schließlich selbst daran und verliert das Selbstvertrauen in den eigenen Körper.

## Mit Osteoporose leben

**Mit dem nötigen Wissen läßt sich die Krankheit viel besser bewältigen**

Knochen mögen zwar durch Osteoporose erkrankt, ja sogar gebrochen sein, sie können aber dennoch auf positive Behandlungsansätze reagieren. Unsere Knochenbiologie ist nämlich durchaus in der Lage, Knochensubstanz neu aufzubauen und an Stabilität zu gewinnen.

Unser Körper besitzt die Fähigkeit, sogar nach einem Wirbelbruch den Bewegungsapparat umzuorganisieren und langfristige Beschwerden abzuwenden. Wenn es gelingt, weitere Wirbelbrüche zu verhindern, hat die Wirbelsäule die Chance, sich an die neuen strukturellen Bedingungen zu gewöhnen. Dauerhafte Beschwerden bestehen nur dann, wenn immer wieder neue Wirbelbrüche auftreten.

Natürlich kann eine Behandlung nicht zu völliger Schmerzfreiheit führen. Es ist aber durchaus möglich, Beschwerden zu lindern beziehungsweise in gewissen Grenzen zu halten.

## Wissen gegen Angst

Wer an einer Osteoporose leidet, kann dieser Belastung erfolgreicher begegnen, wenn er weiß, wie seine Krankheit entstanden ist. Dieses Wissen versetzt nämlich in die Lage,
- sich aktiv der Krankheit und ihren Folgen zu widersetzen,
- trotz Osteoporose in die Zukunft zu planen.

Angst vor der Krankheit und ihren Folgen, passives Warten auf das, was scheinbar unabwendlich geschehen wird, ist der falsche Ansatz. Werden Sie aktiv – so bewahren Sie Ihre Souveränität und können krankheitsbedingte Belastungen besser kompensieren. Vielleicht hilft dabei eine Selbsthilfegruppe (Seite 89).

Osteoporose muß auch nicht verhindern, daß Sie noch viel vom Leben erwarten. Es ist möglich, trotz Erkrankung oder Knochenbruch Schönes zu erleben, zum Beispiel zu reisen.

Osteoporose ist heute eine Erkrankung, bei der mit dem nötigen Wissen, mit Mut und mit Optimismus ein Leben mit Lebensqualität und Lebensfreude möglich ist. Dabei will dieses Buch helfen.

# Andere Ursachen für ähnliche Symptome

Bei knöchernen Verformungen in der Wirbelsäule, wie zum Beispiel durch eingetretene Wirbelbrüche bei der Osteoporose, versucht die Muskulatur der Verformung entgegenzuarbeiten, um die aufrechte Haltung zu ermöglichen. Diese gesteigerten und zum Teil übermäßigen Muskelanspannungen führen häufig zu Schmerzen. Bei der fortgeschrittenen Osteoporose verursachen daher oftmals weniger direkt die Knochen, sondern vielmehr die Muskeln Schmerzen.

Die Dauerschmerzen oder vorübergehenden Muskelschmerzen im Rücken bei Osteoporose sind oft schwer von Schmerzen durch andere Wirbelsäulenerkrankungen zu unterscheiden. Eine der Aufgaben des Arztes ist es daher, bei der Diagnosestellung die Erkrankung Osteoporose gegenüber anderen Erkrankungen auszuschließen.

### Bandscheibenprobleme

Rückenschmerzen gehören zu den häufigsten Beschwerden des Menschen. Sie werden aber häufiger durch Abnutzungserscheinungen an der Wirbelsäule verursacht als durch eine Osteoporose.

Die Bandscheiben, die sozusagen als Puffer zwischen je zwei Wirbelkörpern liegen, nutzen sich im Lauf des Lebens ab (degenerieren), verlieren ihre Elastizität und

## Wege zur sicheren Diagnose

Nachdem der Arzt beim Patienten eine Osteoporose festgestellt hat, wird über die Möglichkeiten einer Therapie zu entscheiden sein. Um eine solche Entscheidung treffen zu können, müssen zuvor sogenannte differentialdiagnostische Abklärungen erfolgen. Osteoporose kann ja verschiedene Ursachen haben. Eine Therapie muß die jeweilige Krankheitsursache natürlich berücksichtigen.

Gelegentlich bedarf die eine Osteoporose verursachende Krankheit (Seite 39) einer separaten Behandlung. Die Auswahl der einzusetzenden Medikamente wird dann von der Krankheitsursache abhängig gemacht.

verkalken immer mehr. Dadurch werden die Bandscheiben flacher, und der Abstand zwischen den einzelnen Wirbeln nimmt ab. Als Folge verengen sich die Wege, die die Nerven vom Rückenmark aus zu den verschiedenen Regionen des Körpers nehmen. Dadurch können die austretenden Nerven gereizt werden, was Schmerzen verursacht.

Ein Beispiel hierfür ist der bekannte »Hexenschuß« in der Kreuzgegend oder das oft damit verbundene Ischiassyndrom. Dabei strahlen die Schmerzen entlang des Ischiasnerves in die Beine aus.

Bereits in jungen Jahren kommt es zu Abnützungserscheinungen, wenn Fehlstellungen der Wirbelsäule vorliegen. Die sogenannte Skoliose, eine oft im Jugendalter auftretende seitliche Verbiegung der Wirbelsäule, ist hier besonders ungünstig.

### Rheumatische Erkrankungen

Rückenschmerzen treten auch bei verschiedenen rheumatischen Erkrankungen auf. Es handelt sich dabei um chronisch-entzündliche Erkrankungen, bei denen das Abwehrsystem des Körpers

## Kleinerwerden als einziges Symptom

Eine geringe Abnahme der ursprünglichen Körpergröße mit zunehmendem Alter kann die Folge davon sein, daß die Bandscheiben ihre Elastizität verlieren, oder daß sich die Körperhaltung verändert, weil die Muskelkraft nachläßt. Eine Größenabnahme unter vier Zentimetern kann unabhängig von einer Osteoporose entstehen. Wenn die Körpergröße allerdings deutlich mehr abnimmt – um etwa acht Zentimeter –, kann dies nicht mehr mit den oben genannten Veränderungen erklärt werden, und eine Osteoporose oder eine andere Knochenstoffwechselerkrankung müssen als Ursache in Betracht gezogen werden.

Nehmen Sie es immer ernst, wenn Sie das Gefühl haben, an Körpergröße zu verlieren, und fragen Sie Ihren Arzt um Rat.

gestört ist: Im Körper werden Antikörper gebildet, die das eigene Gewebe angreifen. Zumeist sind bei der häufigen Form der »rheumatoiden Arthritis« die Gelenke an Händen, Füßen, Armen und Beinen betroffen.

Zum rheumatischen Formenkreis gehört auch die Bechterew'sche Erkankung. Bei ihr versteifen die Bänder und Gelenke der Wirbelsäule. Damit sind erhebliche Rückenschmerzen verbunden.

### Osteomalazie

Bei der englischen Krankheit, die im Kindesalter Rachitis genannt wird, liegt eine Knochenweichheit vor. Diese Krankheit heißt beim Erwachsenen Osteomalazie. Infolge des Mangels an Kalzium und Vitamin D wird der Knochen nachgiebig, und es kommt zu Verformungen und Brüchen.

### Knochenbrüche

Bei der Entstehung von Knochenbrüchen wird der Arzt immer nachforschen, welche Gewalteinwirkung zugrunde lag. Bei Stürzen mit entsprechender Wucht oder auch insbesondere bei Autounfällen kann auch der gesündeste Knochen – nicht nur von älteren Menschen – brechen. Brechen dagegen die Knochen ohne erkennbare Ursache oder bei leichten Belastungen, so deutet der Bruch auf eine Knochenkrankheit hin.

Außer bei Osteoporose können solche krankhaften Brüche bei folgenden Knochenerkrankungen auftreten:

- Bei Osteomyelitis, der Entzündung des Knochenmarks,
- bei der Paget'schen Knochenerkrankung, einem gesteigerten Knochenumbau,
- bei Tumoren im Knochen, die entweder dort gewachsen oder Absiedelungen (Metastasen) von bösartigen Tumoren, zum Beispiel der Brust oder der Prostata, sind.

# 2

# Die Risikofaktoren

## Was Knochen krank macht

Das erste spürbare Anzeichen einer Osteoporose ist in der Regel ein Knochenbruch. Der ursächliche Schwund an Knochensubstanz tut nicht weh und wird im allgemeinen nicht bemerkt.

Die Osteoporose der Wirbelsäule trifft in erster Linie Frauen, weil der Sexualhormonmangel, der zum Eintritt der Wechseljahre führt, vorzeitig zu einem gesteigerten Verlust an Knochensubstanz führt. Tritt die Osteoporose bei der Frau nach den Wechseljahren auf, sprechen wir von Typ-I- oder postmenopausaler Osteoporose. Die erst im Alter, etwa nach dem 70. Lebensjahr, auftretende Form nennen wir Typ-II- oder senile Osteoporose.

Im höheren Alter, etwa jenseits des 75. Lebensjahres, werden Männer und Frauen fast gleich häufig von Osteoporose betroffen. Besonders gefährdet sind Personen, bei denen ein Mangel an Sexualhormonen, an Kalzium in der Nahrung und ein Mangel an Bewegung besteht. Ein Übermaß an Nikotin und Alkohol stellt einen weiteren Risikofaktor dar. Knochenschädigende Medikamente oder bestimmte Krankheiten, zum Beispiel der Bauchspeicheldrüse, können ebenfalls die Entwicklung einer Osteoporose begünstigen.

## Risikofaktoren im Überblick

- Erbfaktoren
Weiße oder kaukasische Rasse
Positive Familiengeschichte
Körperbau (leptosomer Habitus)
Osteogenesis imperfecta (Glasknochenkrankheit)

- Ernährungsfaktoren
langdauernde, kalziumarme Ernährung
Milchzuckerunverträglichkeit
Milcheiweißunverträglichkeit
rein vegetarische Kost
langdauernde künstliche Ernährung
hohe tierische Eiweißzufuhr
Magersucht

- Geschlechtshormone
späte Pubertät
vorzeitige Menopause
Kinderlosigkeit

- Lebensstil
Rauchen
übermäßiger Alkoholkonsum
Inaktivität
extremer Leistungssport

- Erkrankungen
Schilddrüsenüberfunktion
Nebenschilddrüsenüberfunktion
Kortisolüberproduktion
Zuckerkrankheit
Lebererkrankungen
Bauchspeicheldrüsenerkrankungen
Nierenerkrankungen
Blutbilderkrankungen
Erkrankungen der Hirnanhangdrüse
bestimmte Magen/Darmoperationen
chronische Darmentzündungen

- Medikamente
Schilddrüsenhormone
Kortison
Heparin, Dicumarol
Lithium
Chemotherapie
Hypophysen-Hemmstoffe
phosphathaltige Magenschutztabletten
Diuretika
Cyclosporin

# Risikofaktoren aufspüren

Ein Teil der Risikofaktoren ist angeboren. Zum Beispiel beeinflußt die Zugehörigkeit zu einer bestimmten Bevölkerungsgruppe das Osteoporoserisiko. Auch tritt die Erkrankung in manchen Familien auffällig häufig auf (Seite 27). Dann spielt der Vererbungsfaktor eine gewisse Rolle.

Der Hauptbaustoff des Knochens ist Kalzium. Deshalb sind auch Menschen gefährdet, die die kalziumhaltige Milch und Milchprodukte nicht vertragen (Seite 33).

## Je dunkler die Hautfarbe, desto weniger Osteoporose

**Eine ganze Reihe von Faktoren sind sogenannte Risikofaktoren für eine Osteoporose**

Ein nicht unwichtiger Risikofaktor für die Entstehung von Osteoporose ist die Zugehörigkeit zur weißen oder asiatischen Rasse. Afrikaner dunkler Hautfarbe leiden nämlich nicht an den üblichen Osteoporoseformen. Dies liegt nicht etwa daran, daß in vielen Ländern Afrikas die Lebenserwartung so kurz ist, daß von nur wenigen Menschen das Alter erreicht wird, in welchem Osteoporose auftritt.

Man beobachtet dies nämlich auch bei den afrikanischen, dunkelhäutigen Bewohnern der USA. Sie ernähren sich weitgehend identisch wie die weißen Amerikaner, sie arbeiten auch genauso viel oder wenig körperlich. Und trotzdem – Knochenschwund, der im Alter zum Knochenbruch führt, tritt bei ihnen nur ausnahmsweise und dann im Zusammenhang mit einer sogenannten sekundären Osteoporose auf.

Es sind wohl spezifische Anlagen, die schwarze Menschen vor der Entstehung einer Osteoporose schützen. Man weiß noch nicht genau, woran dies im einzelnen liegt. Es kann sein, daß der bei dunkelhäutigen Menschen langsamer als bei hellhäutigen stattfindende Skelettumbau, der unser ganzes Leben begleitet, hieran beteiligt ist. Ergebnisse von Untersuchungen im Mittelmeerraum (die sogenannte MEDOS-Studie) weisen außerdem darauf hin, daß bei Südeuropäern Osteoporose seltener auftritt als bei der mitteleuropäischen Bevölkerung.

## Familiäre Belastung

In manchen Familien wird Osteoporose sehr viel häufiger als in anderen beobachtet. Das bedeutet, man kann die Anlage zur Entstehung einer Osteoporose erben. In diesen Familien lassen sich über Generationen hinweg im Alter gehäuft Knochenbrüche beobachten.

Es ist anzunehmen, daß hier sogenannte genetische Besonderheiten vorliegen. Die Forschung geht davon aus, daß diese genetischen Besonderheiten künftig durch Blutuntersuchungen als Risikomarker festgestellt werden können. Das wäre ein enormer Gewinn, weil bei diesen Menschen dann frühzeitig der Krankheitsentstehung entgegengearbeitet werden könnte.

**Geschichtliche Gründe**

In Großbritannien und Skandinavien, ähnlich auch in den USA, wurde beobachtet, daß Oberschenkelhalsbrüche heute wesentlich häufiger sind als noch vor hundert Jahren. Dies liegt nicht allein daran, daß die Bevölkerung heute älter wird als früher, sondern es nahm die Rate der Frakturen pro Kopf der Bevölkerung zu. Über die Ursachen kann nur spekuliert werden.

Es ist jedoch denkbar, daß Besonderheiten der Skelettentwicklung verantwortlich sind. Unsere Knochen werden während des Lebensabschnittes des Heranwachsens bis zur Pubertät aufgebaut. Nach Durchlaufen der Reifezeit sind mehr als 99 Prozent der erreichbaren Knochenmasse gebildet.

Die Fähigkeit der jugendlichen Knochenbildung hängt unter anderem von der Versorgung des Körpers mit Nährstoffen ab. Mangelhafte Versorgung mit Kalzium, mit Vitamin D, wohl auch mit Eiweiß, bremsen die Kraft des Körpers beim Knochenaufbau.

In den Jahren zwischen 1940 bis in den Anfang der 50er Jahre gab es europaweit Phasen mit mangelhafter Versorgung der Heranwachsenden. Hier wuchs eine ganze Generation heran, bei der der Knochenaufbau während einer entscheidenden Periode gebremst wurde. Dies mag eine mögliche Erklärung dafür sein, wieso jetzt, nahezu 50 Jahre nach Ende des Zweiten Weltkrieges, in Europa lebende Menschen über etwa 60 Jahren in zunehmendem Maß eine verringerte Knochensubstanz aufweisen und dadurch ein höheres Knochenbruchrisiko haben.

# Die Osteoporose des Mannes

Noch vor wenigen Jahren verirrten sich nur selten Männer in Spezialambulanzen für Osteoporose. Die Zahl der männlichen Osteoporose-Kranken, die Rat und Hilfe benötigen, nimmt jedoch zu. Allerdings sind bei Männern, anders als bei Frauen, die Zusammenhänge zwischen Abnahme der Knochendichte und Steigerung des Frakturrisikos im Alter noch nicht vollständig aufgeklärt. Man weiß allgemein, daß der Knochenmasseverlust auch bei Männern osteoporosebedingte Brüche zur Folge hat. Wieviel Verlust dafür notwendig ist, ist noch nicht bekannt.

## Ursachen

Die Risikofaktoren sind ähnlich wie bei der Frau: familiäre Belastung (zumeist leidet die Mutter des betroffenen Mannes an einer Osteoporose), Kalziummangelernährung, Bewegungsarmut, Nikotin- und Alkoholmißbrauch, eine Langzeitbehandlung mit Kortison, zum Beispiel bei Asthma bronchiale oder rheumatischen Leiden.

Der Hormonmangel des Mannes ist nicht so deutlich erkennbar wie der der Frau. Aber auch Männer können – zumeist krankhaft – vom Abfall des Hormons Testosteron betroffen sein. Erkennbar an Störungen der Potenz können auch Männer so etwas wie die typischen sogenannten Wechseljahresbeschwerden haben. Die Impotenz ist in der Regel behandelbar und sollte nicht schamhaft verheimlicht werden.

## Wechseljahre des Mannes

Der Begriff männliches Klimakterium (Klimakterium virile) ist allgemein gebräuchlich. Während es bei der Frau mit Nachlassen der Funktion der Eierstöcke auch zu einer Beendigung der Fortpflanzungsfähigkeit kommt, tritt beim Mann lediglich eine Alterung der Keimdrüsen ein. Die grundsätzliche Fortpflanzungsfähigkeit bleibt dagegen zumeist bis ins hohe Alter erhalten. Man kann also das Klimakterium des Mannes auch unter dem Gesichtspunkt eines Nachlassens der hormonellen Hodenfunktion sehen.

Der Mangel am männlichen Hormon Testosteron, der durch eine Blutuntersuchung bestimmt wird, kann die Ursache für das Nachlassen der Potenz sein. Fehlt Testosteron, werden den Männern Hormone in Form von Spritzen zugeführt.

Potenzstörungen sind beim Mann in den Wechseljahren Frühkomplikationen. Im Hintergrund schlummern Folgeerkrankungen, ähnlich wie beim Hormonmangel der Frau. Hierzu gehört auch die Osteoporose.

### Unterschiede zur Frau

Die Ausgangssituation des Mannes ist wesentlich günstiger, da er in jungen Jahren mehr Knochenmasse aufbaut und dieses Plus auch während des ganzen Lebens behält. Auf dieser günstigeren Basis kommt dann noch hinzu, daß der Mann in der zweiten Lebenshälfte keinen Sexualhormonmangel wie die Frau durch die Menopause erfährt. Eine Ausnahme bilden Erkrankungen der Hoden mit der Folge eines Testosteronmangels.

Natürlich nehmen die Sexualhormone auch beim Mann mit dem Älterwerden ab – er behält aber einen hohen Anteil seiner Testosteronproduktion bis zum Tod. Dieser Unterschied gilt vor allem für die Lebenszeit zwischen dem 50. und 70. Lebensjahr. Im späteren Alter steigt das Frakturrisiko auch bei den Männern.

Bedeutungsvoller als bisher gedacht scheint beim Mann der Alkoholgenuß zu sein – ohne daß man aber nun daraus schließen darf, daß eine Osteoporose beim Mann immer auch Alkoholmißbrauch als Ursache hätte. Auch gesundheitsbewußt lebende Männer können an einer Osteoporose erkranken! Wenn allerdings, auf einen einfachen Nenner gebracht, statt Milch Bier getrunken wird, fehlen wesentliche Nahrungsmittel als Kalziumträger, obwohl genügend Kalorien zugeführt werden. Zum chronischen Kalziummangel gesellt sich eine Hemmwirkung des Alkohols auf die knochenaufbauenden Zellen.

*Auch für Männer gilt: Milch statt Bier – den Knochen zuliebe.*

## Sind Sie gefährdet?

Um herauszufinden, ob Sie zur Risikogruppe gehören, ist folgende Checkliste dienlich. Sie können die Fragen recht einfach beantworten. Je mehr »Ja« Sie registrieren müssen, um so eher sollten Sie einen Arzt aufsuchen.

- Sind in Ihrer Familie bei mehreren Verwandten Knochenbrüche aufgetreten?
- Sind Sie eher zart und hellhäutig? (Beleibtere Frauen sind weniger gefährdet.)
- Haben Sie als Frau Hormonprobleme? Haben Sie Ihre Menstruation sehr spät bekommen oder sind Sie früh in die Wechseljahre gekommen?
- Haben Sie Ihr Kind lange gestillt und dadurch vermehrt Kalzium verloren?
- Haben Sie extreme Schlankheitskuren hinter sich?
- Mußten Sie schon einmal länger mit Kortison behandelt werden?
- Waren Sie magersüchtig?
- Treiben Sie extrem viel Sport?
- Rauchen Sie Zigaretten? Nikotin ist ein »Kalzium-Räuber«; bei stark rauchenden Frauen treten die Wechseljahre vorzeitig ein.
- Trinken Sie übermäßig alkoholische Getränke?
- Trinken Sie viel phosphathaltige Getränke wie etwa Cola? Auch diese gehören zu den »Kalzium-Räubern«.
- Meiden Sie kalziumhaltige Milchprodukte?
- Ernähren Sie sich hauptsächlich mit kalziumarmen Produkten, Fleisch oder Konserven?

# Der Mangel an Kalzium und Vitamin D

Eine mangelhafte Versorgung des Körpers mit Kalzium führt zwangsläufig zu Verlusten an Knochensubstanz. Kalzium, das wir uns mit Nahrungsmitteln oder Supplementen zuführen können, benötigen wir für unseren Knochenbau. Kalzium bildet im Knochen wertvolle Kalksalze, Bestandteile der Knochengrundsubstanz (Seite 13).

Kalzium wird im Darm mit Hilfe des sogenannten kalziumbindenden Eiweißes aus der Nahrung aufgenommen. Insgesamt nimmt unser Körper ein Drittel unseres mit der Nahrung zugeführten Kalziums auf und verwendet es unter anderem für den Knochenbau.

Das Kalzium der Milch ist genauso »wertvoll« wie das Kalzium aus der Brause oder Tablette. Es ist falsch, wenn behauptet wird, daß Kalzium aus Milch für den Körper nicht nutzbar sei. Ebenso nützlich ist das Kalzium aus Kalziumpräparaten.

Behauptungen, daß Kalzium aus pflanzlichen Nahrungsmitteln wertvoller sei als anderes Kalzium, sind unrichtig.

Wir häufen etwa 1 bis 1,5 Kilogramm Kalzium, den Hauptbaustoff des Knochens, bis zum Erwachsenenalter in unserem Skelett an. Dies entspricht 99 Prozent unseres Gesamtkörper-Kalziumbestandes im Skelett. Er kann nur durch die Nahrung zugeführt werden.

Pro Tag verliert der Erwachsene etwa 300 Milligramm Kalzium, vorwiegend über Stuhl und Urin. Diese Menge muß dem Organismus wieder zugeführt werden. Aus den meisten Nahrungsmitteln werden aber nur etwa 30 bis 40 Prozent des enthaltenen Kalziums aufgenommen. Der Körper benötigt also ein Mehrfaches an Kalzium in der Nahrung, um ausreichend versorgt zu sein. Wird der Tagesbedarf nicht erfüllt, muß der Knochen als Kalziumspeicher Kalzium abgeben. Der

### Wieviel Kalzium der Körper braucht

| Lebensalter | Kalziumbedarf /Tag |
|---|---|
| Kinder | 400-1000 mg |
| Jugendliche | 1000 mg |
| Erwachsene | 1000 mg |
| Schwangere und Stillende | 2000 mg |
| Nach den Wechseljahren | 1500 mg |
| Ältere Männer | 1200 mg |

1000 mg = 1 g

Mangel an Kalzium ist also eine mögliche Ursache für die Entwicklung einer Osteoporose. Sie sollten folgendes beachten:

• Es gibt Lebensphasen mit gesteigertem Kalziumbedarf: Wachstumsphase, Schwangerschaft, Stillzeit, Wechseljahre, höheres Alter.

• Es gibt »Kalzium-Räuber«, die zur verminderten Aufnahme oder zu vermehrtem Verlust führen: bestimmte Medikamente, Nikotin, Alkohol, Fehlernährung und andere.

Kalzium findet sich nicht nur in Milch und Milchprodukten, sondern auch in einigen Pflanzen. Eine Zufuhr von 1000 Milligramm Kalzium (= 1 Gramm) pro Tag sollte von Erwachsenen nicht unterschritten werden. Weitere Informationen zu einer knochengesunden Ernährung finden Sie ab Seite 51.

In der Regel wird unter den modernen Ernährungsbedingungen eine nicht ausreichende Menge an kalziumreichen Lebensmitteln verzehrt.

## Vitamin-D-Mangel

Auch ein Mangel an Vitamin D schädigt den Knochen und kann zur Entstehung einer Osteoporose beitragen. Das aus dem Vitamin D in den Nieren gebildete Vitamin-D-Hormon steuert die Kalziumaufnahme aus dem Darm.

Der Körper kann Vitamin D normalerweise selbst herstellen, so daß es in Verbindung mit einer ausgewogenen Ernährung ausrei-

*Milch ist mehr als ein durstlöschendes Getränk: Milch und Milchprodukte sind besonders ergiebige Kalziumquellen.*

## Besonders ergiebige Kalzium-Quellen

- Milch und Milchprodukte, insbesondere Trinkmilch, Rohmilch und Buttermilch
- Käse, zum Beispiel Emmentaler, Tilsiter und Parmesan
- Brokkoli, Spinat und Grünkohl

chend zur Verfügung stehen sollte. Vitamin-D-Mangel ist in Europa aber leider sehr weit verbreitet. Insbesondere bei älteren Menschen, die sich nicht nur kalzium- und Vitamin-D-arm ernähren, sondern sich auch wenig im Freien aufhalten. Sie sollten mindestens 400 Einheiten Vitamin D pro Tag zu sich zu nehmen.

Lediglich in Ländern, in denen fettreiche Seefische, wertvolle Vitamin-D-Träger, häufig auf dem Speisezettel stehen (zum Beispiel in Norwegen), sind die Menschen verschont. Deshalb wäre zweimal pro Woche der Genuß fettreicher Seefische zu empfehlen.

Vitamin-D-Mangel beeinträchtigt auch die Muskelfunktion. So können Patienten mit einer fortgeschrittenen Osteoporose nicht nur über Knochenschmerzen berichten, sondern auch über Muskel- und Bewegungseinschränkung.

In einer großen französischen Studie wurde gezeigt, daß die Gabe von Vitamin D und Kalzium das Risiko für einen Oberschenkelhalsbruch vermindern kann: Bei dieser Studie traten bereits innerhalb der ersten 18 Monate der Behandlung 25 Prozent weniger Brüche auf.

Der Mensch kann Vitamin D aus der Nahrung zu sich nehmen. Er kann Vitamin D aber auch selbst in seiner Haut aus Vorstufen herstellen, sofern er ausreichend Sonnenlicht (UV-Licht) erhält. Nur enthält unser Sonnenlicht während der Wintermonate zu wenig von den UV-Strahlen, die für die Vitamin-D-Bildung in der Haut verantwortlich sind.

In Bezug auf die Osteoporose ist der Sonnenlichtmangel vor allem bei älteren Menschen gegeben. Sie verlassen zu selten ihre vier Wände und können die Sonne vielleicht auch nicht mehr so gut vertragen.

Der Arzt sollte diesen Betroffenen Vitamin-D-Präparate verordnen. Aber Vorsicht ist geboten! Wenn Sie Vitamin D überdosieren, können Sie sich vergiften!

# Der Mangel an Geschlechtshormonen

Vom Mangel an Geschlechtshormonen sind Frauen stärker betroffen als Männer. Schon in der Pubertät beeinflussen weibliche Sexualhormone, die Östrogene, das Knochenwachstum positiv. Die Geschlechtshormone haben generell, bei Frauen und Männern, eine große Bedeutung für die Entwicklung und den Erhalt des Knochengerüstes. Bis zum 25. Lebensjahr sind Knochendichte und -festigkeit bis zum Höhepunkt entwickelt.

Bei der Frau tritt dann eine Osteoporose durch Sexualhormonmangel auf, wenn die Östrogene zum Beispiel durch Versagen der Eierstöcke oder auch der Hirnanhangsdrüse (Hypophyse) jahrelang fehlen, obwohl sich die Frau in ihrer Fruchtbarkeitsphase zwischen Pubertät und Menopause befindet. Lassen Sie sich daher unbedingt ärztlich untersuchen und behandeln, wenn Sie Zyklusstörungen haben oder die Monatsblutung aussetzt.

## Extreme vermeiden

Bei extremer Unterernährung, zum Beispiel durch die Eßstörung bei der Pubertätsmagersucht (Anorexia nervosa) oder durch langwierige, radikale Schlankheitskuren, schaltet der Körper die Fortpflanzungsfunktion ab. Der Östrogenspiegel sinkt. Die Steuerung im Gehirn registriert, daß die Bedingungen zum erfolgreichen Austragen einer Schwangerschaft nicht gegeben sind.

Auch extreme körperliche Belastungen, zum Beispiel Leistungssport, die unter Erniedrigung des Östrogenspiegels zum Ausbleiben der Periodenblutung führen, verschlechtern die biologischen Bedingungen für den Knochen: Diesen Frauen ist zu raten, ihr sportliches Programm zu verringern, damit die Periode wieder spontan kommt.

Bemerkenswert ist auch, daß die Wechseljahre bei stark rauchenden Frauen vorzeitig eintreten. Nikotin beschleunigt den Stoffwechsel/Abbau der Östrogene. Auf diese Weise leistet das Rauchen einen Beitrag zur Entwicklung einer Osteoporose.

## Wechseljahre der Frau

Wenn bei Frauen zwischen dem 45. und 55. Lebensjahr die Wechseljahre beginnen, läßt die Bildung der Geschlechtshormone Östradiol und Progesteron nach. Die Eierstöcke stellen schließlich die Produktion dieser Hormone ganz ein.

Der Hormonmangel bewirkt eine vorübergehende Steigerung des Knochenstoffwechsels mit erhöhter Tätigkeit der den Knochen abbauenden Zellen (Osteoklasten). Dies wiederum führt zu einem Verlust an Knochenmasse und zum Absinken des Kalziumspiegels im Blut.

### Osteoporose und Wechseljahre

Die Osteoporose ist eine der bedeutendsten Gefährdungen von Gesundheit und Leben einer Frau nach dem 50. Lebensjahr. Der Verlust an Knochensubstanz und Mineralgehalt beträgt nach der Menopause ein bis drei, manchmal sogar bis zu zehn Prozent. 30 bis 40 Prozent aller Frauen erkranken in diesem Alter an Osteoporose, wenn sie keine vorbeugende Behandlung (Seite 70) durchführen. Weil eine Verhütung von Osteoporose und Knochenbrüchen durch Östrogengabe möglich ist, raten viele Frauenärzte zu einer langfristigen Gabe von Östrogen- und Gestagenpräparaten. Es steht nämlich längst fest, daß Östrogene bei der Frau die Knochen direkt und indirekt vor Mineralverlust schützen. Gestagene verstärken diese Wirkung.

## Bewegungsmangel fördert den Knochenabbau

Körperliche Aktivität – Bewegung, Spiel und Sport – ist eine tragende Säule bei Vorbeugung und Therapie der Osteoporose. Knochenschwund tritt bei extremer Inaktivität auf, weil unter anderem der Reiz der Muskulatur auf den Knochen fehlt.

### Ungeeignete Sportarten bei Osteoporose

Osteoporose-Patienten sollten auf folgende Sportarten und Bewegungsformen besser verzichten:

- Sportarten mit einem erhöhten Sturzrisiko, zum Beispiel Ski alpin, Eislaufen, Reiten.
- Sportarten, bei denen eine erhöhte Belastung der Wirbelsäule durch Dreh- und Beugebewegungen auftritt, zum Beispiel Tennis, Squash, Windsurfen, Badminton.
- Sportarten, bei denen unkontrollierte Gewalteinwirkungen auf den Knochen auftreten können, wie bei allen Mannschafts-Ballsportarten.

Inzwischen sind wissenschaftliche Untersuchungen bekannt, die den Zusammenhang von körperlicher Aktivität und Knochendichte nachweisen. Bis ins höhere Alter ist der Kalzium- und Knochenstoffwechsel durch regelmäßige körperliche Aktivität günstig zu beeinflussen. Bewegung kann den bei Osteoporose gesteigerten Knochenabbau zumindest bremsen. Also helfen Sie dem Aufbau des Knochens, wenn Sie Ihre Muskulatur kräftigen. Hierbei ist es aber nicht ausreichend, nur einmal in der Woche oder gar nur einmal im Monat an Ihre Gesundheit zu denken. Wichtig ist die regelmäßige körperliche Aktivität.

Eine regelmäßige körperliche Aktivität, die den ganzen Körper beansprucht, schützt nicht nur vor Osteoporose, sondern regt auch das Herz-Kreislaufsystem an. Fitneß verbessert generell die Durchblutung und die Stoffwechselsituation des Körpers. Hormonelle Anpassungserscheinungen während und nach der Belastung wirken sich günstig auf den Kalzium- und Knochenstoffwechsel aus. Gleichzeitig fördert körperliches Training das Schlafverhalten und somit die Regeneration des Organismus. Weniger die Sportart als Regelmäßigkeit und Freude an der Bewegung sind für den Erfolg ausschlaggebend. Als günstig erweisen sich vor allem Laufen, Spazierengehen, Gymnastik, aber

*Regelmäßigkeit und Freude an der Bewegung sind wichtiger für den Erfolg als die Sportart.*

# Kortison und andere »Knochenschädlinge«

**Empfehlenswerte Sport- und Bewegungsformen**

- Wandern
- Jogging (falls noch keine Frakturen vorliegen)
- Walking
- Tanzen
- Gymnastik
- Skilanglauf, Skiwandern

auch Schwimmen, Radfahren und Tanzen. Bei regelmäßiger Bewegung im Freien entsteht unter dem Einfluß von UV-Licht in der Haut Vitamin D, das die Aufnahme von Kalzium über den Darm und den Einbau in den Knochen begünstigt.

Es ist Aufgabe der Ärzte, bei der Verschreibung jedes Medikaments abzuwägen: Schädigt die Krankheit den Patienten so, daß auch eventuell mit Risiken verbundene Medikamente verabreicht werden müssen? Oder sind etwa die Nebenwirkungen schlimmer als die Krankheit und ihre Folgen? Kortison zum Beispiel ist bei einer ganzen Anzahl von Erkrankungen unvermeidlich, um das Leben und die Gesundheit zu erhalten.

### Kortison-Osteoporose

Die körpereigene Überproduktion oder die Behandlung mit Kortison führen zu einer Osteoporose. Es gibt eine Reihe von Risikofaktoren, die die Entwicklung einer Kortison-Osteoporose begünstigen. Eine Reihe der Grunderkrankungen, die mit Kortison behandelt werden, führen selbst zu einer Osteoporose. Hierzu zählen zum Beispiel die rheumatoide Arthritis und das Asthma bronchiale.

Bei der Entwicklung einer Kortison-Osteoporose spielen unter anderem auch Alter, Zeitpunkt der Menopause und körperliche Aktivität eine Rolle für das Frakturrisiko.

Kortison-Präparate haben neben einigen anderen negativen Nebenwirkungen auch eine schädigende Wirkung auf die Knochen. Kortison hemmt die knochenaufbauenden Zellen in ihrer Funktion, führt zu einer verminderten Aufnahme von Kalzium aus dem Darm und kann eine leichte Überproduktion von Nebenschilddrüsenhormonen verursachen. Die Folge ist ein Verlust an Knochenmasse beziehungsweise letztendlich die Entstehung einer Osteoporose.

Fast jede Frau in den Wechseljahren (Hormonmangel!), die unter einer Langzeitkortison-Behandlung steht, ist in dieser Zeit gefährdet, einen Knochenbruch zu erleiden.

### Schilddrüsenüberfunktion

**Eine Reihe von Erkrankungen kann eine Osteoporose zur Folge haben**

Zu einem gesteigerten Knochenabbau kommt es auch bei einer langdauernden unbehandelten Schilddrüsenüberfunktion. Besonders ungünstig wirkt sich die Überfunktion in der Zeit des raschen Knochenabbaus nach der Menopause aus. Hierbei kann es auch vorübergehend zu einer Nebenschilddrüsenüberfunktion kommen.

Die Behandlung mit Schilddrüsenhormonen in üblicher Dosierung bewirkt wahrscheinlich keinen Verlust an Knochensubstanz.

### Diabetes mellitus

Ein gesteigerter Knochenabbau läßt sich bei Zuckerkranken beobachten. Als Ursache wird die Insulintherapie diskutiert, weil Insulin den Knochenanbau hemmt. Als Folge erhöhter Insulinkonzentrationen durch die Insulintherapie scheint der Knochenverlust bei jüngeren, insulinpflichtigen Typ-I-Diabetikern ausgeprägter zu sein als beim Typ-II-Diabetes, der früher auch als Altersdiabetes bezeichnet wurde.

### Unverträglichkeit von Milcheiweiß

Personen, die Milch und Milchprodukte nicht vertragen, sind osteoporosegefährdet. Durch das Vermeiden von Milch kommt es zu einer verminderten Kalziumzufuhr mit den negativen Folgen für den Knochenaufbau.

### Magenoperationen

Die Osteoporose bei Magenoperierten ist ebenfalls auf eine verminderte Kalziumaufnahme zurückzuführen. Hier finden wir auch häufiger eine verminderte Mineralisierung im Sinne einer »Knochenerweichung«.

## Rheuma

Erkrankungen aus dem rheumatischen Formenkreis oder das Asthma bronchiale verursachen einen erhöhten Knochenverlust durch die Produktion von Hormonen, die die knochenabbauenden Zellen (Osteoklasten) aktivieren. Auch werden diese Erkrankungen häufig mit Kortison behandelt.

## Epilepsie

Unter der Therapie mit Arzneimitteln zur Behandlung von Epilepsie (Antikonvulsiva) werden Östrogene, Androgene und Vitamin D in der Leber schneller abgebaut. Daraus folgt eine verminderte Konzentration dieser Substanzen im Blut. Sie haben aber eine positive Wirkung auf den Knochen – bei Wegfall kommt es zu einem vermehrten Knochenverlust.

## Blut und Knochenmark

Eine Reihe von Bluterkrankungen und Erkrankungen des Knochenmarks führen zu einem Knochenverlust und können Osteoporose verursachen. Hierbei werden Überträgerstoffe (Mediatoren) freigesetzt, die die knochenabbauenden Zellen in ihrer Aktivität fördern.

## Blutverdünnungsmittel

Über lange Zeit angewendet, führen diese Medikamente zu einem vermehrten Knochenabbau. Voraussetzung ist jedoch, daß die Behandlung mit Heparin über mehrere Monate erfolgte. Wird in der Zeit der Wechseljahre mit Heparin behandelt, können die Knochen schwerwiegend geschädigt werden. Das gleiche wird für kumarinhaltige Medikamente angenommen, wenn sie über längere Zeit gegeben werden.

Bekannt ist, daß die Knochen bei fehlender Schwerkraft, langandauernder Bettlägerigkeit oder auch bei Ruhigstellung eines Beines oder eines Armes entkalken. Tritt dies zum Beispiel in den Wechseljahren ein, so kommt es zu einem unwiederbringlichen Knochenverlust und zu einer Erhöhung des Frakturrisikos. Auch hier ist der genaue Mechanismus nicht bekannt. Eine wichtige Rolle spielt auf jeden Fall die Muskelkraft.

# 3

# Die Untersuchungen

## Wege zur sicheren Diagnose

Osteoporose ist der »stille Dieb« an unserem Knochengewebe. Es kann viele Jahre dauern, bis der Betroffene selbst etwas von der Krankheit spürt. In dem »stillen, schleichenden Diebstahl« liegt die Chance der Diagnose. Osteoporose wird durch Ärzte verschiedener Fachrichtungen behandelt. Der Orthopäde beschäftigt sich schwerpunktmäßig mit den chronischen Krankheiten des Bewegungsapparates; der Internist kann die verschiedenen Krankheiten diagnostisch abgrenzen und bringt dabei seine Kenntnisse über den Knochenstoffwechsel und die Lehre von den hormonbildenden Drüsen (Endokrinologie) ein.

Der Frauenarzt ist gefordert, weil er für die regelmäßigen Kontrollen von Frauen zuständig ist, die im Rahmen der Behandlung einer Osteoporose eine Hormonersatztherapie erhalten. Radiologen führen Knochendichtemessungen durch und stellen Knochenbrüche fest. Immer dabei sind natürlich die praktischen Ärzte, weil sie in der Regel die Betroffenen als erste sehen und eine gewisse »Weichenstellerfunktion« haben.

Bei starkem Leidensdruck kann der Psychotherapeut gefragt sein.

# Allgemeine diagnostische Schritte



Der Arzt ist vor allem gefordert, eine Osteoporose vor dem ersten Knochenbruch zu erkennen.

Das bedeutet, nach Verfahren zu suchen, die eine frühzeitige und exakte Feststellung einer verminderten Knochenmasse und einer gestörten Mikroarchitektur des Knochengewebes erlauben. Es stehen heute genügend Verfahren zur Verfügung, die dieser Forderung gerecht werden, unabhängig, um welche Form der Osteoporose es sich handelt. Die Knochendichtemeßwerte (Seite 46) ergeben jedoch nur zusammen mit weiteren Daten des Patienten eine Diagnose.

Wie bei allen Krankheiten sollte auch bei der Osteoporose eine gewisse Reihenfolge der diagnostischen Schritte eingehalten werden, um von vornherein allen Aspekten der Krankheit für eine sinnvolle Therapieplanung gerecht werden zu können. Der Arzt muß an viele Ursachen denken, wenn ein Patient mit Rückenschmerzen zu ihm in die Sprechstunde kommt.

Natürlich steht an erster Stelle die Frage nach bereits erfolgten Knochenbrüchen und ob dafür ein entsprechendes Trauma, beispielsweise ein Sturz, vorgelegen hat. Außerdem ist auf Größenabnahme und körperliche Formveränderung (Seite 44) in den letzten Jahren zu achten, beziehungsweise sind solche Umstände bei direkten Verwandten zu erfragen.

### Besonderheiten bei Frauen

Bei Frauen wird eine genaue Regelanamnese – Anamnese bedeutet die detaillierte Erkundung der Vorgeschichte des Kranken – erfragt, die den Zeitpunkt der ersten Regelblutung, die Stärke und Regelmäßigkeit der Regelblutung, die Zahl der Geburten, etwaige gynäkologische Operationen und den Zeitpunkt der letzten Regelblutung (Menopause) einschließt. Dadurch gewinnt der Arzt Aufschluß über einen eventuell bestehenden Östrogenmangel, die einen der wichtigsten Risikofaktoren für die Verminderung der Knochenmasse darstellt.

Auf die Bedeutung von anderen Vorerkrankungen und die Einnahme bestimmter knochenschädigender Medikamente für die Entstehung einer Osteoporose wurde bereits eingegangen (Seite 39).

# Körperliche Untersuchung

Bei der körperlichen Untersuchung werden Größen- und Formveränderungen des Körpers genau festgehalten. Wenn vom Patienten keine Aussage über einen Größenverlust gemacht werden kann, werden die Armspannweite und der Scheitel-Sohlen-Abstand gemessen. Sie sind normalerweise gleich groß.

## Rumpfverkürzung

**Veränderungen von Größe und Form des Körpers geben erste Hinweise für die Diagnose**

Bei einer Rumpfverkürzung durch zusammengesunkene Wirbelkörper verringert sich der Scheitel-Sohlen-Abstand, ohne daß sich die Armspannweite verändert. Die dadurch entstehende Längendifferenz zugunsten der Armspannweite erklärt auch das Phänomen der »zu langen Arme« bei Osteoporose-Patienten.

## Buckelbildung

Durch die Veränderungen an den Wirbelkörpern – die Vorderkanten »rutschen« zusammen, während die Hinterkanten in der Regel ihre Höhe behalten – kommt es neben der Rumpfverkürzung zur typischen Buckelbildung mit Verspannungen der Muskulatur entlang der Wirbelsäule.

## »Tannenbaumphänomen«

Durch die Rumpfverkürzung bildet die Haut schräg nach unten-außen verlaufende Falten entlang der Wirbelsäule. Solche Falten, allerdings querverlaufende, sind auch an den Flanken und am Bauch zu beobachten.

## »Reibungsschmerzen«

Ein weiteres, wichtiges Merkmal ist die Annäherung der Rippenbögen an die Beckenkämme, was im Extremfall zur direkten Berührung mit leicht begreifbaren »Reibungsschmerzen« bei Bewegung führt. Dieser Schmerz wird fälschlicherweise oft mit Darmerkrankungen in Zusammenhang gebracht, so daß viele Patienten erst durch den Umweg über den Magen-Darm-Spezialisten zum Knochenspezialisten gelangen.

Natürlich gilt es bei der körperlichen Untersuchung auch den allgemeinen Kräfte- und Ernährungszustand zu beurteilen und auf spezielle Zeichen anderer Krankheiten, wie zum Beispiel der Nieren, des Magen-Darmtrakts und bösartiger oder hormoneller Erkrankungen, zu achten; denn diese können osteoporosefördernd sein.

# Röntgenuntersuchung des Skeletts

Auch wenn bei der körperlichen Untersuchung alle genannten »Osteoporose-Zeichen« gefunden werden, sollte in jedem Fall eine Röntgenuntersuchung des Skeletts vorgenommen werden. In der Regel reicht zur Orientierung eine Aufnahme der Brust- und Lendenwirbelsäule in zwei Ebenen aus. Für eine Frühdiagnose der Osteoporose ist allerdings eine Röntgenaufnahme nicht geeignet, weil die Knochenmasse mindestens um 30 bis 40 Prozent gemindert sein muß, bevor man auf dem Röntgenbild eine krankhafte Veränderung sehen kann!

Das macht diese Methode aber nicht überflüssig, weil es mit ihr am besten gelingt, Wirbelkörperbrüche und -verformungen aufzudecken und zu kontrollieren.

## Wirbelsäulen-Verformungs-Index

Ein neueres Verfahren ist der Wirbelsäulen-Verformungs-Index (Spine Deformity Index), der durch exakte Ausmessung der Wirbelkörper sehr gut für die – auch wissenschaftliche – Verlaufskontrolle der Osteoporose herangezogen werden kann.

Eine gewisse Bedeutung kommt dem Röntgen auch bei der Abgrenzung anderer Knochenerkrankungen von der Osteoporose zu. Dabei kann die Aussagekraft durch Schichtaufnahmen (Tomographie) noch gesteigert werden.

## Knochenszintigraphie

Von Patienten wird verschiedentlich angegeben, daß bei ihnen eine Knochenszintigraphie zum Nachweis oder zum Ausschluß einer Osteoporose durchgeführt worden sei. Das ist falsch. Bei der Knochenszintigraphie bekommt der Patient ein radioaktiv markiertes Mittel in eine Vene gespritzt.

Die Szintigraphie ist gut geeignet zur Differenzierung von alten und frischen Frakturen und zum Ausschluß von akuten entzündlichen oder bösartigen Knochenprozessen. Das Ausmaß der Aktivitätsanreicherung im Knochen ist abhängig vom Knochenstoffwechsel. Typische Veränderungen finden sich bei der Osteoporose erst im Spätstadium. Die Methode wird jedoch eingesetzt, um bestimmte mögliche, wenn auch seltenere Osteoporose-Ursachen zu finden.

# Die Knochendichtemessung

Da ein Knochenmasseverlust als der wichtigste Risikofaktor für das Zustandekommen osteoporosebedingter Frakturen angesehen werden muß, ist die Knochendichtemessung (Osteodensitometrie) als wichtiges Verfahren in der Frühdiagnostik einzustufen.

Heutzutage kann die Erniedrigung der Knochenmasse unkompliziert mit Hilfe von präzisen Knochendichtemeßgeräten festgestellt werden.

Die Untersuchung ist für den Patienten nicht belastend und kann relativ rasch an verschiedenen Knochen oder auch am gesamten Skelett erfolgen. Es gibt verschiedene Verfahren (zum Beispiel DXA = Dual-Photonenabsorptiometrie, QCT = quantitative Computer-Tomographie), deren einheitliches Prinzip darin besteht, daß von einer Strahlenquelle Energie ausgesendet wird, die Knochen und Gewebe passiert und in Abhängigkeit von dessen Schwächungskoeffizienten entsprechend abgeschwächt und bildgebend dargestellt wird.

Die Messung an vielen Gesunden ermöglichte die Darstellung eines entsprechenden Altersverlaufs der normalen Knochendichte mit der sogenannten Spitzenknochenmasse (Peak bone mass) um das 30. Lebensjahr. Das jeweilige Patientenmeßergebnis kann mit der entsprechenden Altersreferenzgruppe verglichen und als normal oder krankhaft vermindert eingestuft werden.

Für die Beurteilung des Frakturrisikos ist der absolute Meßwert entscheidend. Die heute üblichen Verfahren erlauben eine ausreichend exakte Bestimmung der Knochenmasse. Die Messung der Knochendichte am Schenkelhals mit der sogenannten DXA-Methode erlaubt eine bessere Vorhersage einer Hüftfraktur als wenn an

## Was kann die Knochendichtemessung?

- Den Knochenmineralgehalt (KMG)-Ausgangswert bestimmen.
- Das Frakturrisiko abschätzen (Ausmaß der Erkrankung, Entscheidung über die Art einer Therapie).
- Den KMG-Verlust oder -Gewinn beurteilen (Ausmaß der Erkrankung, Therapiekontrolle, eventuelle Änderung des Behandlungskonzepts).

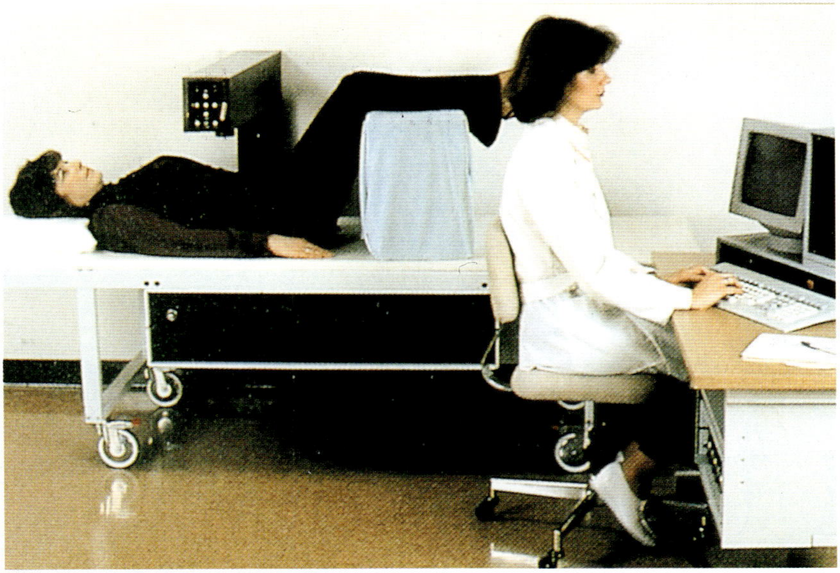

*Die Dual-Photonenabsorptiometrie mißt die Knochendichte an der Wirbelsäule und am Oberschenkelhals.*

anderen Stellen gemessen werden würde.

Mit der Knochendichtemessung ist in gewissem Sinne auch eine Aktivitätsbeurteilung der Osteoporose möglich, da man bei jährlichen Kontrollen herausfinden kann, ob der Patient ein sogenannter »Slow loser« (langsamer Knochenverlust mit Verlustrate unter drei Prozent pro Jahr) oder ein »Fast loser« (schneller Knochenverlust mit Verlustrate über drei Prozent pro Jahr) ist.

Mit den neueren QCT-Verfahren (quantitative Computer-Tomographie) ist nicht nur eine Beurteilung der Knochenmasse, sondern auch eine – zwar noch nicht ganz befriedigende – Beurteilung der »gestörten Mikroarchitektur« möglich.

Inwieweit das Verfahren der sogenannten Kernspintomographie, mit dem auch Weichteile und Bindegewebe dargestellt werden können, das Beurteilen von Frühveränderungen der Mikroarchitektur des Knochengewebes weiter verbessern kann, bleibt ebenso abzuwarten wie die Versuche, aus der Ultraschalluntersuchung des Knochens auf die Knochenmasse zu schließen. Die Messung der Hautdicke ist jedoch nach heutiger Kenntnis ungeeignet, bei der Diagnostik der Osteoporose zu helfen. Sie ist daher in diesem Zusammenhang abzulehnen.

# Die Knochenbiopsie

Ein gutes Verfahren zur Beurteilung der Mikroarchitektur des Knochens und der Aktivität einer Osteoporose ist die kombinierte Knochen- und Knochenmarkbiopsie, bei der unter örtlicher Betäubung meist aus dem vorderen Beckenkamm mit einer Hohlnadel oder einer motorgetriebenen Hohlfräse Knochenzylinder gewonnen werden.

Sie werden unentkalkt auf einem speziellen Schneidegerät in dünnste Scheiben geschnitten, gefärbt und unter dem Mikroskop beurteilt. Dabei kann exakt zwischen voll mineralisiertem Knochen und nicht mineralisiertem Osteoid (Knochengrundsubstanz ohne Kalzium) unterschieden werden.

Dies ist besonders wichtig für die Abgrenzung von Krankheiten, die mit einer Knochenerweichung einhergehen, zum Beispiel bei bestimmten Darm- oder Nierenerkrankungen oder bei einer Kombination von Knochenerweichung und Osteoporose. Außerdem kann man die knochenaufbauenden (Osteoblasten), knochenabbauenden (Osteoklasten) und knochenerhaltenden (Osteozyten) Zellen exakt beurteilen.

Ebenso können alle Zellen des Knochenmarks, in dem die Mutterzellen unserer Blutkörperchen gebildet werden, beurteilt werden. Es bestehen enge Zusammenhänge zwischen dem Knochenmark und dem umschließenden Knochen beziehungsweise zwischen Knochenmark und Knochenkrankheiten. Dies wird durch eine Reihe vom Knochenmark ausgehender, sekundärer Osteoporosen belegt.

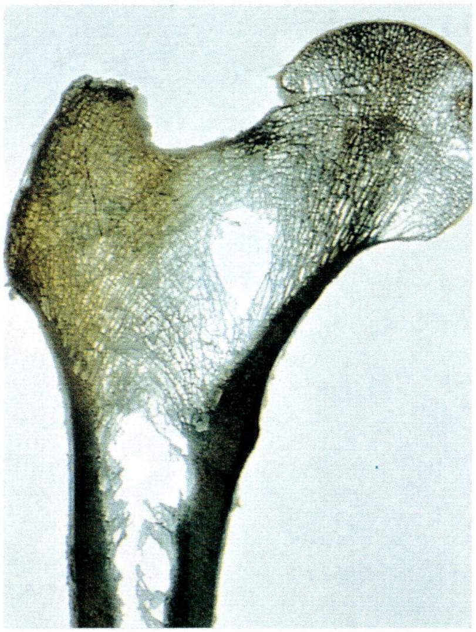

*Ein hochgradig osteoporotischer Oberschenkelknochen als Präparat. Wenn ein Knochen in diesem Zustand ist, bedeutet ein Knochenbruch ein dramatisches Ereignis.*

# Weitere Untersuchungen



## Laboruntersuchungen

Bis heute gibt es weder eine spezielle Blut- noch Urinuntersuchung, die den Nachweis einer Osteoporose erlaubt.

Zum Ausschluß anderer Erkrankungen als Ursache für eine sekundäre Osteoporose wird der Arzt die Untersuchung von Blut und Urin veranlassen.

## Erweitertes Untersuchungsprogramm

Sofern durch die körperliche Untersuchung oder die Krankengeschichte des Patienten der Verdacht entsteht, daß für die Ursache der sekundären Osteoporose wiederum eine spezielle Krankheit verantwortlich sein könnte, sollte das Untersuchungsprogramm erweitert werden: zum Beispiel durch eine Hormonbestimmung bei Verdacht auf eine Überfunktion der Nebennieren oder der Schilddrüse oder bei Verdacht auf eine Unterfunktion der Keimdrüsen.

Auch die Knochenbiopsie wird gelegentlich eingesetzt, um bei Verdacht auf das Vorliegen einer sekundären Osteoporose nach deren Ursachen zu fahnden.

Auch Darmerkrankungen, die zu einer verminderten Aufnahme von Kalzium und Vitamin D und damit zur Osteoporose führen können, müssen abgeklärt werden. Ebenso muß die Einnahme bestimmter knochenschädigender Medikamente in diesem diagnostischen Spektrum berücksichtigt werden. Bei der Diagnose einer Osteoporose muß künftig das Hauptaugenmerk auf eine Frühdiagnostik gerichtet werden. Nur so läßt sich vermeiden, daß die Diagnose erst gestellt wird, wenn bereits ein Knochen gebrochen ist.

# 4 Vorbeugung

## Osteoporose muß kein Schicksal sein

Der Körper erhält ausschließlich über die Nahrung Energie und Nährstoffe, die zum Aufbau und Erhalt der Körperfunktionen notwendig sind. Ein direkter Zusammenhang zwischen dem Auftreten der Osteoporose und der Kalziummenge, die wir im Laufe unseres Lebens aufnehmen, ist heute unumstritten. Eine wirksame Vorbeugung gegen das Auftreten der Osteoporose im Alter kann folglich nur durch eine lebenslange knochenfreundliche Ernährung (ab Seite 51) erfolgen.

Leider erfüllt die moderne Ernährung diese Anforderungen nicht immer in ausreichendem Maß. Immer mehr Erkrankungen, zum Beispiel auch die Osteoporose, werden deshalb mit Fehlernährung in Verbindung gebracht.

Die Vorbeugung der Osteoporose ruht auf mehreren Säulen: Nicht nur mit der richtigen Ernährung haben Sie viel gewonnen, sondern auch mit ausreichender Bewegung (Seite 60). Entsprechende Fitneß schützt die Knochen auch auf zweitem Wege: Ist der Mensch fit und beweglich, dann fällt er auch seltener und stolpert weniger häufig. Ein körperlich mobiler Mensch ist daher auch vor Knochenbrüchen besser geschützt.

# Vorteile durch die richtige Ernährung

Laut Aussage der Deutschen Gesellschaft für Ernährung (DGE) essen wir zu viel, zu fett, zu süß, zu salzig, zu eiweißreich. Und wir trinken zu viel Alkohol. Andere wichtige Nahrungsmittel kommen dabei zu kurz. Das Ergebnis ist eine unausgewogene Nährstoffzufuhr.

Speziell für einen gesunden Knochenaufbau und den Knochenerhalt müssen Kalzium, Phosphat und Eiweiß in einem ausgewogenen Verhältnis aufgenommen werden. Der Ernährungsbericht der DGE weist darauf hin, daß die Kalziumzufuhr in Deutschland in jedem Alter zu gering, die Phosphat- und Eiweißzufuhr jedoch zu hoch ist. Dieses ungünstige Verhältnis kann durch andere Nahrungsbestandteile, die den Kalziumhaushalt stören, noch weiter verschlechtert werden.

Weil der Knochen dem Organismus als Kalziumspeicher dient, liegt das Hauptaugenmerk einer knochengesunden Ernährung auf der Erhöhung der Kalziumzufuhr. Um dies zu erreichen, müssen vermehrt kalziumreiche Lebensmittel verzehrt werden – aber eben nicht zusätzlich zu den bisherigen, sondern anstatt anderer Lebensmittel.

## Unzureichende Kalziumzufuhr

Haben Sie Ihrem Körper über Jahre oder gar Jahrzehnte zu wenig Kalzium zugeführt, wird das fehlende Kalzium den Knochen entzogen. Die Folge ist ein mangelhafter Knochenaufbau oder ein Verlust an Knochensubstanz.

Aus dem Darm müssen täglich etwa 300 Milligramm (0,3 Gramm) Kalzium aufgenommen werden, um die unvermeidbaren Kalziumverluste in Urin, Stuhl und Schweiß zu ersetzen. Das gelingt dem Organismus aber nur, wenn er über die Nahrung ausreichend Kalzium bekommt. Wie an anderer Stelle berichtet (Seite 33), muß ein Erwachsener, um den täglichen Verlust auszugleichen, täglich etwa 1000 Milligramm (0,1 Gramm) oder mehr Kalzium konsumieren. Tatsächlich werden aber pro Tag im Durchschnitt nur 600 Milligramm Kalzium aufgenommen.

## Der Darm spielt mit

Mit zunehmendem Alter verschlechtert sich die Kalziumaufnahme aus dem Darm. Daher benötigt der ältere Organismus mehr Nahrungskalzium (bis zu 1500 Milligramm pro Tag). Auch hier klafft eine Lücke, denn von älteren Men-

## »Knochengesunde« Ernährung

schen werden im Durchschnitt nur 700 Milligramm Kalzium täglich mit der Nahrung aufgenommen.

Die Kalziumverwertung im Darm kann zusätzlich durch zu viel Phosphat (unter anderem Polyphosphate), durch viel Oxalsäure oder durch den Mangel an Vitamin D erschwert werden. Die Kalziumausscheidung kann durch Eiweißüberschuß, zu viel Natrium und überhöhten Konsum von Genußmitteln erhöht werden. So wird die Kalziumbilanz immer weiter verschlechtert.

Es geht bei der knochenfreundlichen Ernährung nicht nur um die Kalziumzufuhr. Sich knochengesund zu ernähren heißt nicht mehr und nicht weniger als sich ganz allgemein gesund zu ernähren.

An erster Stelle steht natürlich die ausreichende Versorgung mit Kalzium. In jungen Jahren soll dadurch die maximale Knochenmasse aufgebaut, und später im Alter soll damit dem beschleunigten Knochenabbau entgegengewirkt werden. Sie müssen auch immer in Betracht ziehen, daß notwendi-

*Hartkäse wie Emmentaler und Parmesan enthält besonders viel Kalzium.*

ge therapeutische Maßnahmen wie zum Beispiel Medikamente und Bewegung nur dann wirklich nutzen, wenn dem Knochen genügend Kalzium zur Verfügung steht.

Die Hauptkalziumlieferanten in unserer Ernährung sind Milch und Milchprodukte, bestimmte Gemüsesorten und das richtige Mineralwasser. Diese Nahrungsmittel sollten also vermehrt auf dem Speiseplan stehen. Auf der hinteren Buchklappe ist aufgeführt, wieviel Kalzium unsere Nahrungsmittel enthalten.

### Umgang mit Milch und Milchprodukten

Trotz der Aktualität des Themas Osteoporose beschränken sich die Ernährungsratschläge meist auf »mehr Kalzium, täglich ein Liter Milch«. Doch dieser Tip hat oft schwerwiegende Folgen. Die Milch liefert zwar viel Kalzium, sie wird aber meist als zusätzliches Getränk konsumiert. Dabei erhalten Sie ganz nebenbei mehr Kalorien als für eine Hauptmahlzeit empfohlen wird. Dies bedeutet zwangsläufig eine Gewichtszunahme von täglich einigen Gramm, monatlich einigen hundert Gramm und jährlich einigen Kilogramm. Für Osteoporosepatienten stellt dies eine zusätzliche Belastung dar. Die Milch macht's – aber nur, wenn sie richtig eingesetzt wird.

**Unser Tages-Tip**

- Frühstück und Abendessen:
  60 Gramm Bierschinken durch 60 Gramm Emmentaler (45% Fett) ersetzen.
- Mittagessen:
  125 Gramm Schnitzel durch 250 Gramm Lauch, überbacken mit Käse (40 Gramm Emmentaler, 45% Fett), ersetzen (Rezept auf Seite 142).
- Zwischenmahlzeit:
  1 Apfeltasche durch 1 Joghurt (200 Gramm, 3,5% Fett) ersetzen.
- Getränk
  3/4 Liter kalziumarmes (100 Milligramm Ca/l) durch kalziumreiches (500 Milligramm Ca/l) Mineralwasser ersetzen.
- Kalziumversorgung
  vorher: etwa 150 Milligramm
  nachher: 1850 Milligramm
- Kalorienzufuhr:
  vorher und nachher gleich.

Wer nicht zusätzlich täglich einen Liter Milch »essen« will, sollte Milchprodukte wählen, die andere gängige Lebensmittel ersetzen können. Hartkäsesorten wie etwa der Emmentaler sind dafür am besten geeignet. Zum Frühstück und Abendessen ist das Wurstbrot schnell durch ein Käsebrot ersetzt. Gemüsegratins und -aufläufe bekommen durch Käse den richtigen »Pep«. Sie können durchaus so schmackhaft sein wie ein Fleischgericht. Und aus Joghurt, Buttermilch oder Quark lassen sich köstliche Zwischenmahlzeiten oder Nachtische zubereiten. Wichtig für Sie: Wer Kalorien sparen möchte, kann ohne Bedenken zu fettarmen Milchprodukten greifen. Deren Kalziumgehalt entspricht meist nicht nur dem der fettreicheren Sorten, sondern liegt sogar häufig etwas höher!

Viele fragen sich, ob das Kalzium in der Milch durch Kochen oder Erhitzen verloren geht. Nein, das Kalzium wird dadurch nicht geschädigt, so daß sowohl in der pasteurisierten Frischmilch als auch in der H-Milch der Gehalt und die Verfügbarkeit des Kalziums unverändert sind.

*Aus Joghurt und Buttermilch lassen sich köstliche »Kalziumbomben« zubereiten.*

# Eiweiß, Phosphat und Vitamin D

## Gemüse

Durch die richtige Gemüseauswahl kann ebenfalls die Kalziumversorgung verbessert werden. Zu den kalziumreichen Gemüsen zählen Grünkohl, Brokkoli, Lauch und Fenchel. Auch alle anderen Kohlsorten können für Abwechslung im knochenfreundlichen Speiseplan sorgen. Ebenso zählen alle Kräuter zu den kalziumreichen Lebensmitteln. Kräuter sind immer die bessere Alternative zum Salzstreuer.

Als kalorienloser Kalziumlieferant bietet sich schließlich ein gezielt ausgesuchtes Mineralwasser an. Beim Einkauf achten Sie bitte auf das Etikett: viel Kalzium (Ca, etwa 500 mg/l), viel Magnesium (Mg, etwa 100 mg/l) und wenig Natrium (Na, maximal 50 mg/l) ist die günstigste Mischung.

Allerdings darf eine knochenfreundliche Ernährung nicht nur an ihrem Kalziumgehalt gemessen werden. Auch andere Nähr- und Mineralstoffe wie zum Beispiel Eiweiß und Phosphat müssen in ausreichender Menge aufgenommen werden, um eine Knochenneubildung zu ermöglichen. Aber Vorsicht! Ein ausgeprägtes Mißverhältnis dieser Nährstoffe kann zu unnötigen Kalziumverlusten führen.

In den Industrieländern werden diese Nährstoffe vor allem durch den hohen Fleisch- und Wurstkonsum und als Lebensmittelzusatzstoff im Überschuß verzehrt. Am einfachsten ist es, den Fleisch- und Wurstkonsum zugunsten von Milch und Milchprodukten einzuschränken. Außerdem sollten Sie auf zusätzliche Phosphatmengen bei Lebensmittelzusatzstoffen achten. Vor allem bei Fleisch und Wurstwaren überwiegen Eiweiß und Phosphat sehr stark, während das knochengesunde Kalzium fast völlig fehlt. Wurstwaren enthalten darüber hinaus häufig Phosphat als Zusatzstoff. Auch im kalziumreichen Schmelzkäse ist Phosphat als Schmelzsalz versteckt! Viele Fertigprodukte und Getränke enthalten Phosphate als Säuerungsmittel.

**An Phosphat mangelt es eigentlich nie, im Gegenteil, wir konsumieren davon in der Regel zu viel**

Unser Tip: Schränken Sie Ihren Fleischkonsum auf maximal zweibis dreimal pro Woche ein, und ersetzen Sie Wurst durch Milchprodukte. Achten Sie auf die Etiketten! Phosphat als Lebensmittelzusatzstoff ist anhand der E-Nummern in der Zutatenliste zu erkennen. Hinter E 338 bis 341 und E 450 verstecken sich Phosphate.

**Vitamin D**

Die Verwertung des aufgenommenen Kalziums im Körper kann durch die Lebensmittelauswahl beeinflußt werden. An erster Stelle wäre hier das Vitamin D zu nennen, denn ähnlich wie mit Kalzium verhält es sich mit der Vitamin-D-Versorgung. Dies gilt vor allem für

## Unverträglichkeiten gegenüber Milch und Milchprodukten

Bei Unverträglichkeiten gegenüber Milch und/oder Milchprodukten ist es wichtig, zwischen Laktoseintoleranz (Unverträglichkeit von Milchzucker) und Milcheiweißallergie (das Eiweiß einer bestimmten Tierart ist unverträglich) zu unterscheiden.

1. Bei Laktoseintoleranz, die häufig bei älteren Menschen auftritt, wird meist nur die Milch nicht vertragen – dies betrifft aber die Milch aller Tierarten. Auch Frischkäse ist oft unbekömmlich. Hart- und Schnittkäse, die so gut wie keine Laktose mehr enthalten, und meist auch Sauermilchprodukte wie zum Beispiel Joghurt, sind dagegen verträglich.

2. Im Falle einer Unverträglichkeit von Milcheiweiß (Allergie) ist das Milcheiweiß einer bestimmten Tierart, meist der Kuh, zu vermeiden, das heißt zum Beispiel alle Milchprodukte aus Kuhmilch. Milchprodukte anderer Tierarten sind dagegen oft verträglich (zum Beispiel Schafs- oder Ziegenmilch und -käse).

Im Einzelfall ist auch auszuprobieren, ob das allergene Potential des Milchproduktes durch Kochen verschwindet.

Durch die genannten Alternativen ist eine ausreichende Kalziumversorgung stets gewährleistet.

ältere Menschen. Die körpereigene Vitamin-D-Produktion läßt nach, gleichzeitig ist die Vitamin-D-Zufuhr über die Nahrung zu gering.

Vitamin D nimmt unter den Vitaminen eine Sonderstellung ein. Einerseits kann es über die Nahrung zugeführt werden, andererseits wird Vitamin D bei ausreichender Sonnenbestrahlung der Haut vom Körper selbst in ausreichender Menge gebildet.

Da aber mit zunehmendem Alter die Bewegung an der frischen Luft zu kurz kommt sowie das Sonnenlicht während der Wintermonate wirkungslos ist, ist bei älteren Menschen ein Vitamin-D-Mangel weit verbreitet. Vitamin D sorgt dafür, daß Kalzium aus dem Darm ins Blut aufgenommen werden kann. Zu wenig Vitamin D verschlechtert also Ihre Kalziumausnutzung. Deshalb muß im Alter die Vitamin-D-Zufuhr über die Nahrung erhöht werden.

Fettreicher Seefisch gehört zu den wichtigsten Vitamin-D-Lieferanten und sollte deshalb regelmäßig verzehrt werden. Auch die Avocado enthält viel Vitamin D. Daneben können wiederum Milch und Milchprodukte die Vitamin-D-Versorgung aufbessern.

### »Störenfried« Oxalsäure

Im Gegensatz zu Vitamin D verhindert die Oxalsäure, daß Kalzium vom Darm ins Blut aufgenommen werden kann. Einige pflanzliche Lebensmittel sind stark oxalsäurehaltig. Sie sollten deshalb selten beziehungsweise nur in kleinen Mengen verzehrt werden. Stark oxalsäurehaltige Lebensmittel sind Rhabarber, Spinat, Mangold und rote Bete.

### Sonderstellung von Phytinsäure und Ballaststoffen

Vom Verzehr von Vollkornprodukten wird von mancher Seite abgeraten, da die enthaltenen Ballaststoffe und die Phytinsäure ebenfalls Kalzium binden. Dieser Effekt wird jedoch durch den höheren Kalziumgehalt von Vollkornprodukten ausgeglichen, so daß die Kalziumbilanz nach neueren Untersuchungen durch Vollkornprodukte nicht gestört wird. Lediglich größere Mengen isolierter Ballaststoffe wie zum Beispiel Weizenkleie oder Pektin sollten vermieden werden.

Körner aller Getreidearten enthalten Phytinsäure, auch Mais und Reis. Besonders hoch ist der Gehalt in Sojabohnen. Da, ebenso wie bei der Oxalsäure, praktisch

## »Störenfriede« im Kalziumhaushalt

**Vitamin-D-Spender**

- Seefisch, zweimal pro Woche
- Mehr Milch und Milchprodukte
- Regelmäßige Bewegung an der frischen Luft

keine Möglichkeit besteht, den Phytinsäuregehalt – zum Beispiel durch Erhitzen – zu vermindern, wird erklärlich, daß der Gehalt an dieser Substanz auch im geschroteten Getreide, in über Nacht eingeweichten Körnern oder in gekeimten Weizenkörnern nicht verändert ist.

Das bedeutet aber nicht, daß Sie auf Vollkornbrot oder Müsli verzichten müssen oder daß beim Konsum dieser Nahrungsmittel auf eine entsprechend höhere Kalziumaufnahme geachtet werden müßte, da die »Voll«-produkte gleichzeitig immer mehr Kalzium liefern. Nur gilt auch hier: Übertreibungen schaden!

Die sogenannten Genußmittel unserer Zeit können sich negativ auf den Kalziumhaushalt auswirken. Einerseits liefern Zucker, Salz, Kaffee, Schwarztee und Alkohol dem Körper kein Kalzium, andererseits führen zu viel Kochsalz, Kaffee, Schwarztee oder Alkohol zu einer erhöhten Kalziumausscheidung über die Niere. Dadurch wird der Kalziumverlust zusätzlich erhöht.

Erhöhter Alkoholkonsum und Rauchen (Seite 36) werden speziell zu den Risikofaktoren für die Entstehung der Osteoporose gezählt. Alkoholische Getränke sollten daher tatsächlich nur zum Genuß konsumiert werden und nicht alltäglich sein, und auf das Rauchen sollten Sie am besten ganz verzichten.

### Zu viel Kaffee und Schwarztee

Übermäßiger Genuß von Schwarztee und Kaffee wirkt sich nicht nur auf Herz-, Kreislauf-, Magen- und Darmgesundheit aus. Besonders starker Kaffeekonsum steigert auch den Kalziumverlust über die Niere. Es gibt nicht wenige koffeinsüchtige Menschen, die zehn oder mehr Tassen Kaffee pro Tag trinken. Das ist Gift! Im allgemeinen schadet Kaffee, wenn mehr als 190 Milligramm Koffein pro Tag konsumiert werden. Koffeinfreier Kaffee schneidet besser ab, sollte jedoch wegen der Gerbsäure auch nicht im Übermaß getrunken werden.

Unser Tip: Trinken Sie maximal drei Tassen Kaffee oder Schwarztee pro Tag!

### Weniger Alkohol

Eine andere »Sucht« ist der regelmäßige und überhöhte Alkoholgenuß. Die Ausscheidung von Kalzium über die Niere ist dadurch enorm gesteigert.

Bedenkt man, daß chronischer Alkoholkonsum nicht selten zusätzlich zu mangelhafter Ernährung oder gar Folgeerkrankungen am Magen-Darmtrakt, an Leber oder Bauchspeicheldrüse führen kann, ist unbedingt zu empfehlen, auch aus Gründen der Knochen und des Skeletts diese persönliche Gefahr zu bannen.

Menschen, die sich weitgehend kalorisch mit Alkohol versorgen und sich einseitig ernähren, tragen noch zusätzliche Schäden am Skelett davon. Bei ihnen wirkt sich auch der Vitamin-D-Mangel mit allen Folgen unmittelbar aus. Hinsichtlich der Osteoporose stellt Alkoholmißbrauch eine besondere Gefahr für Männer dar.

Unser Tip: Alkohol nur selten, in kleinen Mengen und nur zum Genuß konsumieren.

### Unterernährung und Diäten

Eine gesunde Mischkost mit Milch und Milchprodukten enthält genügend Kalzium. Alle extremen und einseitigen Diäten und Schlankheitskuren zur Gewichtsabnahme und auch alle einseitigen Ernährungsweisen können das Risiko eines Kalziummangels mit sich bringen. Ebenso stellt Untergewicht einen vermeidbaren Risikofaktor für Osteoporose dar.

Auch Abführmittel erhöhen das Risiko eines Kalziummangels. Verzichten Sie auf Abführmittel – sie rauben dem Körper Kalzium!

# Wer rastet, der rostet

Ein Knochen kann sich nur in gesunder Weise entwickeln, wenn er entsprechend gefordert wird. Sport in jungen Jahren ist eine ausgezeichnete Vorsorge für den Aufbau von ausreichend viel Knochenmasse. Regelmäßige körperliche Betätigung beim Älterwerden verlangsamt den Knochenverlust und ist eine wirksame Osteoporose-Vorbeugung.

## Sport in älteren Jahren

Ab dem 35. bis 40. Lebensjahr kann durch Knochenumbau keine Zunahme der Knochenmasse mehr erreicht werden. Der Mensch verliert ab diesem Alter an Knochenmasse, ohne daß hierfür erkennbare äußere Ereignisse oder plausible Erklärungen vorliegen. In der Regel verlieren wir vom 40. bis zum 70. Lebensjahr etwa ein Drittel unserer Knochenmasse, ohne daß dies eine Gefahr für das Skelett darstellt. Mit 70 Jahren ist die körperliche Belastung im allgemeinen natürlich viel geringer als beim Jugendlichen.

Deshalb sorgen Sie vor! Da sich der Knochen der Muskelkraft anpaßt, verlieren Sie, wenn Sie Ihre Muskeln zu wenig betätigen, auch an Knochenmasse.

## Zum Schwimmen

Ein Wort an die »Wasserratten«: Wassergymnastik ist hilfreich bei Patienten mit Osteoporose. Das schmerzende Skelett wird durch den Auftrieb entlastet, die Bewegungsübungen »gegen den Widerstand des Wassers« kräftigen die Muskulatur. Schwimmen selbst fördert den Knochenaufbau nicht; dazu sind Krafttraining und Bewegungsübungen besser geeignet.

5

# Medikamente

## Eckpfeiler der Osteoporose-Therapie

Neben dem Erlernen, mit der Osteoporose-Krankheit umzugehen, neben der Schmerztherapie, der physikalischen Therapie und speziellen orthopädischen Maßnahmen ist der Einsatz von Medikamenten eine wichtige Säule der ganzheitlichen Osteoporose-Behandlung. Wie bei allen chronischen Krankheiten kommt auch bei der Osteoporose eine Kombinationsbehandlung zum Tragen. Die ganzheitliche Behandlung besteht in aller Regel aus speziellen Medikamenten, aus Bewegungstherapie und anderen Maßnahmen. Gelegentlich sind spezielle Schmerzbehandlungen notwendig.

Inzwischen weiß man, daß eine Osteoporose nach Eintritt eines ersten Wirbelbruches immer eine fortgeschrittene Krankheit ist, bei der das Risiko für weitere Brüche sprunghaft ansteigt. Alle Bemühungen zielen auf eine Behandlung hin, die vor Eintritt des ersten Knochenbruches beginnt. Hierdurch kann das Risiko von Knochenbrüchen deutlich gesenkt werden.

Die medikamentöse Therapie bleibt aber auch nach einem ersten Knochenbruch wirksam; sie ist auch dann noch in der Lage, den Knochenaufbau zu fördern.

Bei den zur Verfügung stehenden Medikamenten ist bei der Frau

*Gehört zur ganzheitlichen Therapie: Üben nach speziellen Bewegungsprogrammen.*

nach den Wechseljahren die **Hormonersatztherapie** während und nach den Wechseljahren zu nennen (Seite 70). Eine Hormonbehandlung zur Therapie der Osteoporose ist dagegen vor Eintritt in die Wechseljahre unüblich. Natürlich verbietet sich eine Östrogenbehandlung beim Mann. Diese Langzeittherapie wird, wie alle anderen Therapieformen, durch die ausreichende Versorgung des Organismus mit Kalzium und Vitamin D ergänzt.

Ähnlich wie die Sexualhormone wirken die **Bisphosphonate** (Seite 69) am Knochen. Sie können einen gesteigerten Knochenverlust nicht nur abbremsen, sondern den Knochenaufbau fördern. Bisphosphonate sind zur Zeit in Deutschland für die Behandlung einer Osteoporose noch nicht zugelassen. Fachleute gehen aber davon aus, daß die Zulassung einzelner Präparate kurz bevorsteht.

In gleicher Richtung wirksam sind die **Kalzitonine** (Seite 69). Sie werden in Form von menschlichem oder Lachs-Kalzitonin-Injektionen verabreicht. Inzwischen steht Lachs-Kalzitonin auch als Nasenspray zur Verfügung.

**Fluoridhaltige Medikamente** (Seite 68) unterstützen die knochenaufbauenden Osteoblasten (Seite 9). Ihr Einsatz führt zu einer Zunahme des Knochenmineralgehalts und senkt das Risiko für einen Knochenbruch.

Die Auswahl unter den Medikamenten erfolgt individuell auf den Patienten abgestimmt. Ebenso hängt die Verordnung von Schmerzmitteln vom jeweiligen Befinden des Patienten ab.

# Risikostadien, Vorbeugung und Frühtherapie

## Weitere Bausteine der ganzheitlichen Therapie

Auf die speziellen Fitneß- und Bewegungsprogramme soll jeder Osteoporose-Patient unbedingt zurückgreifen. Sie berücksichtigen auch das angehobene Frakturrisiko bei mechanischer Überbelastung. Dies schließt auch medizinisch gesteuertes Krafttraining nicht aus. Spezielle Bewegungsprogramme können auch Körperfehlhaltungen vermeiden.

Es gibt eine Reihe krankengymnastischer Übungen (Seite 103), die erfolgreich eingesetzt werden. Bei fortgeschrittener Osteoporose dienen Bewegungsprogramme (Seite 92) dazu, erneut freie Beweglichkeit zu üben und zu erlernen. In diesem Zusammenhang sind Übungen zur Rückgewinnung von Balance, Stand- und Gangsicherheit von herausragender Bedeutung (ergotherapeutische Maßnahmen, Seite 135).

Die Übungen der Rückenschule können über die Beeinflussung der Körperhaltung dazu beitragen, Fehlhaltungen zu korrigieren.
Bei eingetretener Osteoporose müssen Sie selbstverständlich darauf achten, daß Ihre Bewegungsprogramme medizinisch kontrolliert eingesetzt werden.

Wenn Sie langfristig Medikamente oder Hormone einnehmen, die auf die Änderung Ihres Knochenstoffwechsels und Ihrer Knochenmasse zielen, spielt die Phase der Erkrankung und auch die Aktivität der Osteoporose eine Rolle. Daneben sind für Ihren Arzt Lebensalter und Geschlecht, aber auch sonstige Erkrankungen und Untersuchungsergebnisse wichtige Kriterien.

## Risikostadien

Bei Stadium eins muß es nur um Vorbeugung (siehe auch ab Seite 50) gehen. Im Stadium zwei kann je nach Schweregrad eine Vorbeugung oder Frühtherapie (Seite 65) angezeigt sein. Stadium drei erfordert eine konsequente Osteoporose-Therapie (Seite 66) mit Wiederaufbau von Knochensubstanz. Die Beschreibung der einzelnen Risikostadien finden Sie im Kasten auf Seite 64.

## Medikamente und Hormone zur Vorbeugung

Die notwendige tägliche Zufuhr an Kalzium (1000 bis 1500 Milligramm beziehungsweise 1 bis 1,5 Gramm) wird von der Mehrzahl der älteren Personen nicht eingehalten. Wenn dem Knochen sein wichtigster mineralischer Baustein nicht regelmäßig angeboten wird, baut der Organismus Skelettsubstanz ab, um den Blutkalziumspiegel im Normalbereich zu halten. Deshalb ist bei der Osteoporosevorbeugung fast immer zum täglichen Nahrungskalzium von durchschnittlich 0,5 Gramm eine zusätzliche Einnahme an Kalzium in Mengen von 0,5 bis 1 Gramm pro Tag, zum Beispiel in Form von Brausetabletten, anzuraten.

Während der Wintermonate ist eine mangelhafte Versorgung mit Vitamin D sehr weit verbreitet. Das Sonnenlicht ist abgeschwächt, Vitamin-D-reiche Nahrungsmittel wie fettreiche Seefische werden relativ selten konsumiert. Dann kann die Einnahme kleiner Mengen von Vitamin D (400 bis 1000 Einheiten pro Tag) beim Erwachsenen ebenso wichtig werden wie beim Säugling, der regelmäßig seine »Vitamin-D-Prophylaxe« erhält.

## Drei Risikostadien

**1. Risikostadium**
Knochengesunde Personen mit mehreren Risikofaktoren eine Osteoporose zu entwickeln.

**2. Risikostadium**
Eindeutige Verminderung der Knochenmasse, ohne daß bislang Knochenbrüche aufgetreten sind.

**3. Risikostadium**
Nachweis von mindestens einem nicht durch Unfall aufgetretenen Wirbeleinbruch oder einer Wirbelkörpersinterung im Röntgenbild. Schmerzen, eventuell Größenabnahme und Rundrücken.

### Die Sexualhormone

Eine sichere Möglichkeit, der Osteoporose bei der Frau vorzubeugen, ist die langzeitige Einnahme von **Östrogen-Gestagen-Präparaten** zu Beginn der Wechseljahre (Seite 70). Sie bekommen sie in Tablettenform oder auch als Pflaster für die Haut. Der knochenabbauhemmende Effekt beider Zufuhrwege ist bei entsprechender Dosierung der gleiche.

Durch die zyklusgerechte Kombination von Östrogen mit einem Gestagen wird das Risiko für die Entwicklung von Gebärmutterkrebs gesenkt. Das Brustkrebsrisiko wird wahrscheinlich damit für

**Medikamente zur Vorbeugung der Osteoporose**

- Kalziumsalze
- Knochenpräparate
- Vitamin D
- Östrogen/Gestagen
- Kalzitonin
- Bisphosphonate

die überwiegende Mehrheit der Frauen weder positiv noch negativ beeinflußt. Zurückhaltung kann bei Frauen begründet sein, in deren Familien gehäuft Blutsverwandte an Brustkrebs erkrankten. Der Preis für den relativen Schutz vor Gebärmutterkrebs durch das Gestagen ist, daß regelmäßige Monatsblutungen erhalten bleiben oder wieder auftreten. Es gibt aber auch Präparate mit Hormonkombinationen, die keine Blutungen hervorrufen.

Eindeutige Gründe gegen die Behandlung mit den genannten Sexualhormonen sind zum Beispiel zeitlich kurz zurückliegende Brustkrebsoperationen, Thrombosen oder eine Lungenembolie. In diesen Fällen kann auch das knochenabbauhemmende Hormon **Kalzitonin** zur Osteoporosevorbeugung eingesetzt werden – auch in Form von Nasenspray.

Die sogenannten **Bisphosphonate** können die gleiche Aufgabe erfüllen. Sie können einen gesteigerten Knochenumsatz reduzieren und auf diese Weise bei übermäßigem Knochenverlust den Knochenaufbau fördern.

## Die Frühtherapie

Wenn Ihr Arzt davon ausgeht, daß der erwünschte Anbau von Knochensubstanz praktisch nur auf den noch vorhandenen Knochenbälkchen möglich ist, dann bedeutet dies für Sie, sich einer Frühtherapie zu unterziehen.

Bei einer fortgeschrittenen Osteoporose kann eine kombinierte Fluor-Kalziumbehandlung sowohl bei Frauen als auch bei Männern in diesem zweiten Stadium der Erkrankung positive Effekte auf die Knochensubstanzmenge haben.

Einzelne Patienten bekommen Vitamin-D-Metabolite verordnet.

# Therapie der fortgeschrittenen Osteoporose

Den Kalzium- und Knochenstoffwechsel können zahlreiche Substanzen günstig beeinflussen und langfristig zu einer positiven Knochenbilanz führen. Unabhängig von den Medikamenten zur Knochenabbauhemmung und Knochenanbaustimulation besteht die Behandlung der fortgeschrittenen Osteoporose grundsätzlich in der Schmerzbekämpfung und in der Vermeidung einer ungenügenden Kalziumzufuhr und zu geringen körperlichen Aktivität.

## Abbau hemmen, Anbau steigern

Welche der genannten Medikamente einzeln oder in Kombination als langfristiges Therapiekonzept ärztlich verordnet werden, hängt vom Einzelfall ab. Eine Rolle spielen dabei:

- Alter
- Geschlecht
- Anzahl der bereits erlittenen Knochenbrüche
- Beschwerden
- Aktivität der Osteoporose

Beim aktiven Osteoporose-Schub mit starken Beschwerden hat sich eine zeitlich begrenzte (wenige Monate bis maximal ein Jahr) Behandlung mit Kalzitonin und Kalzium bewährt. Die Osteoporose stabilisiert sich und bei vielen Patienten wird zusätzlich eine Schmerzlinderung erzielt.

In großen kontrollierten Studien konnte gezeigt werden, daß Bisphosphonate in der Lage sind, einen Anstieg der Knochenmasse zu erbringen. Die Häufigkeit von Knochenbrüchen nahm ab.

Zunehmend werden auch die ursprünglich für die Vorbeugung eingesetzten Östrogene allein oder in Kombination bei fortgeschrittener Osteoporose angewandt. Bei inaktiver Osteoporose oder auch nach einer Kalzitonin-Therapie ist eine kombinierte Fluor-Kalziumbehandlung das Mittel der Wahl. Sie regt langanhaltend die Neubildung von Knochenmasse an. Diese Behandlung soll jährlich kontrolliert werden und auf drei Jahre

### Den Knochenbau beeinflussende Medikamente

**Den Knochenabbau hemmend:**
Östrogene, Kalzitonin, Bisphosphonate
**Den Knochenaufbau stimulierend:**
Fluoride (Monofluorphosphat, Natriumfluorid), Anabolika

beschränkt sein. Die Wirkung dieser Therapie auf die Rate der Wirbelkörperbrüche hat sich in jüngster Zeit als äußerst positiv herausgestellt. Das Risiko von Knochenbrüchen außerhalb der Wirbelsäule nimmt dabei nicht zu.

Eine den Knochenaufbau anregende Wirkung haben auch die sogenannten Anabolika. Allerdings wirken sie negativ auf den Cholesterinstoffwechsel und erhöhen das Arteriosklerose-Risiko. Deshalb werden sie allenfalls im höheren Alter eingesetzt, wo derartige Nebenwirkungen für die Patienten keine nachteiligen Folgen mehr haben. Der Effekt in dieser Lebensphase kann durchaus sehr positiv sein.

Auch bei diesen Krankheitsformen gelten Kalzium und Vitamin D als Basistherapie. Auch hier erhalten Patienten gelegentlich Vitamin-D-Metabolite anstelle von Vitamin D verordnet.

### Substanzen in Erprobung

Ein Teil der heute verfügbaren Medikamente wird ständig durch zum Teil große Therapiestudien weiter überprüft. Neue Substanzen kommen laufend hinzu, so daß die Osteoporose-Therapie zukünftig weiter ausgebaut werden kann.

### Behandlungsziele: Spätfolgen verhindern oder aufhalten

Eine vernünftige Behandlung verdient jede Unterstützung, wenn sie geeignet ist, den Spätschaden Knochenzerstörung zu verhindern oder hinauszuzögern. Ohne Zweifel muß eine derartige Behandlung auch eingesetzt werden, wenn bereits erste Schäden nachweisbar sind. In diesem Fall ist das Ziel, ein Fortschreiten der Knochenzerstörung zu verhindern.

Bei der Osteoporose hat die Behandlung wie zum Beispiel bei der Zuckerkrankheit und bei der Hypercholesterinämie das Ziel, Spätfolgen zu verhindern und das Fortschreiten der bestehenden Schäden zu verzögern.

Bei der Osteoporose können die heute verfügbaren Medikamente jedoch nicht nur Knochenverluste bremsen, sondern den Aufbau neuer Knochensubstanz fördern.

# Fluoride, Kalzitonin und Bisphosphonate

## Fluoride

Einige Studien haben belegt, daß eine Behandlung mit fluoridhaltigen Medikamenten eine Zunahme der Knochendichte bewirkt. Hierdurch nimmt das Frakturrisiko ab.

Zwei plazebokontrollierte Therapiestudien ließen Zweifel an der Wirksamkeit einer Fluorid-Behandlung bei Patienten mit bereits vorhandenen Frakturen aufkommen. Inzwischen steht fest, daß diese Studien methodische Mängel aufwiesen. Bei regelrechtem Einsatz der Fluoride ist ein Versagen der Behandlung nicht zu erwarten.

Patienten mit eingeschränkter Nierenfunktion und Personen, die bereits ohne ärztliche Kontrolle Fluoride eingenommen haben, sollten keine Fluoride bekommen.

Fluoride können zu Nebenwirkungen führen, zum Beispiel Rötungen und Schwellungen im Bereich der Sprunggelenke verursachen. Die Symptome verschwinden nach vierwöchiger Therapieunterbrechung. Im Zusammenhang mit diesen Beschwerden werden radiologisch nachweisbare Knochenverdichtungen beobachtet. Bei einem Teil der Patienten treten Magen-Darm-Beschwerden auf. Sie können bei einigen Patienten verhindert werden, wenn die Fluorid-Präparate am Abend eingenommen werden. Unter dieser Behandlung kommt es bei der Mehrzahl der Betroffenen zur Zunahme der Knochendichte. Durch jährliche Röntgenkontrollen wird der Einfluß der Behandlung auf eine mögliche Frakturentstehung dokumentiert.

### Verordnung von Fluorid

Zur Behandlung stehen Präparate mit Monofluorophosphat beziehungsweise Natrium-Fluorid zur Verfügung. Monofluorophosphat kann frei mit Kalzium kombiniert werden. Bei der Verordnung von Natrium-Fluorid ist darauf zu achten, daß das gleichzeitig zu verordnende Kalzium zeitlich getrennt eingenommen wird.

Verordnet werden 15 bis 20 Milligramm Fluorid-Ionen pro Tag über einen Zeitraum von etwa drei Jahren.

### Kalzitonin

Dieses Hormon wurde aus zwei Gründen in die medikamentöse Behandlung der Osteoporose eingeführt:

1. Die Funktion von Osteoklasten (knochenabbauende Zellen) wird gebremst, so daß die Knochendichte zunimmt.

2. Eine Kalzitoninbehandlung führt zu einer deutlichen Linderung der Beschwerden.

Kalzitonin wird insbesondere Patienten verordnet, die Schmerzen haben. So kann der schmerzlindernde Effekt ausgenutzt werden, um Bewegungstherapie und Krankengymnastik gezielt anwenden zu können.

Die Ergebnisse erster Untersuchungen haben außerdem ergeben, daß Kalzitonin bei Patientinnen, die keine Östrogentherapie erhalten dürfen, den durch Östrogenmangel gesteigerten Knochenabbau neutralisieren kann.

Kalzitonin vom Lachs gibt es als Nasenspray. Für Injektionen unter die Haut steht Kalzitonin vom Lachs und vom Menschen zur Verfügung. Bei der Mehrzahl der Patienten empfiehlt sich eine Dosierung von dreimal 50 bis 100 Einheiten pro Woche. Die Behandlungsdauer ist vom Arzt im Einzelfall zu entscheiden. Wenn von Betroffenen die Spritzen bevorzugt werden, können sie die Injektionstechnik leicht erlernen.

Bei einem Teil der Patienten können Wärmegefühl, Kribbeln auf der Haut, Hautrötung und Übelkeit auftreten. In diesem Fall ist anzuraten, die Injektion abends vor dem Schlafengehen durchzuführen.

### Bisphosphonate

Bisphoshonate wurden in aufwendigen Studien geprüft und bei Osteoporose für wirksam befunden. Unter der Behandlung nahm die Knochendichte zu, und die Frakturrate ging zurück.

Ein Bisphosphonat (EHDP) wurde zyklisch in einer Dosis von 400 Milligramm pro Tag über zwei Wochen gegeben. Im Anschluß hieran erfolgte eine Therapiepause von 13 Wochen, während der die Patienten mit Kalzium und Vitamin D versorgt wurden. Dieser Zyklus wurde zehnmal über einen Zeitraum von 150 Wochen wiederholt.

Ein neueres Präparat (Alendronat) wird über einen Zeitraum von drei Jahren in einer Dosis von täglich 10 Milligramm eingenommen.

# Gezielte Verordnung von Östrogen und Gestagen

Etwa 25 Prozent aller Frauen mit einem Östrogenmangel entwickeln eine Osteoporose. Zur Behandlung der postmenopausalen Osteoporose werden deshalb Östrogene eingesetzt. Selbst bei älteren Frauen, bei denen bereits Wirbelkörperfrakturen vorhanden sind, kann es durch eine Östrogenersatzbehandlung zu einem Wiederanstieg der Knochendichte kommen.

Sogenannte konjugierte Östrogene stehen schon seit vielen Jahren zur Verfügung. Weitverbreitet sind auch Östradiolvalerat, mikronisiertes Östrogen als Tabletten oder Östradiol 17β im Pflaster.

*Hormonbehandlung, die durch die Haut geht: Hormonpflaster werden einfach aufgeklebt.*

Hormonpflaster stellen eine gleichwertige Möglichkeit dar, wenn es um eine langfristige Behandlung geht, sei es für die Vorbeugung der Osteoporose oder für die Behandlung aller klimakterischen Symptome. Für Frauen, die »pillenmüde« sind, ist diese Form der Östrogenzufuhr eine Alternative zur oralen und vaginalen Hormontherapie.

Durch den Zusatz von Gestagenen in den letzten zehn bis zwölf Tagen der Östrogengabe wird der Zyklus stabilisiert, und es kommt zu zeitgerechten, regelähnlichen Abbruchblutungen. Wenn die Gebärmutter vorhanden ist, empfehlen die Frauenärzte immer den Zusatz von Gestagenen, um unerwünschte Wucherungen der Gebärmutterschleimhaut zu verhindern.

## Hormone: Je früher, desto besser

Die Einnahme von Hormonpräparaten sollten Sie zur Zeit der Zyklusstörungen vor der Menopause oder spätestens zum Zeitpunkt der Menopause beginnen. Damit tritt der dann beginnende Knochenverlust gar nicht erst ein.

Im Hinblick auf die mittlere Lebenserwartung sollen Frauen

## Nebenwirkungen der Hormonbehandlung

Die kritische Zeit der Hormoneinnahme sind die ersten zwei bis vier Wochen. Nebenwirkungen, die während dieser Zeit auftreten, sind fast immer auf eine Überdosierung des Östrogens zurückzuführen. Übelkeit und Magen-Darm-Störungen treten nicht auf, wenn Sie die Hormone immer auf vollen Magen einnehmen und mit reichlich Flüssigkeit schlucken. Sie sind dann auch besser wirksam.

Mögliche anfängliche Beschwerden wie Spannungsgefühl in den Brüsten, schwere Beine, Kopfschmerzen und rasche Gewichtszunahme beruhen immer auf einer Überdosierung. Sie können durch Herabsetzen der Dosis rasch beseitigt werden.

Wenn der Organismus bereits viele Jahre ohne Hormone auskommen mußte, und eine Hormonersatztherapie gewünscht wird, ist es nötig, den Körper langsam an die Hormone zu gewöhnen, also »einschleichend« zu behandeln. Dadurch wird verhindert, daß Nebenwirkungen auftreten.

die Hormonpräparate mindestens zehn Jahre lang einnehmen. Nach Absetzen der Östrogene würde nämlich der Knochenverlust erneut einsetzen. Beginnen Sie später, zum Beispiel drei Jahre nach der Menopause, können Sie im allgemeinen Knochenverlust aufholen.

Inzwischen konnte auch nachgewiesen werden, daß sogar bei 70jährigen Frauen eine mit Kalzium kombinierte Hormonbehandlung nicht nur zu einem Erhalt, sondern sogar zu einem Anstieg der Knochendichte beiträgt.

Bei langzeitiger, regelmäßiger Einnahme ausreichender Mengen von Östrogenen und Gestagenen bleiben Knochendichte und Mineralgehalt erhalten oder nehmen sogar zu. Osteoporose- und Frakturrisiko vermindern sich dosisabhängig um 60 bis 94 Prozent!

Fördert eine langzeitige Hormoneinnahme Thrombose und Krebs? Nein, wahrscheinlich nicht.

Es handelt sich um natürliches Östrogen, das das fehlende Hormon ersetzt (Substitution). Das Hormon wird von Laien leicht mit dem sehr starken künstlichen Östrogen verwechselt, das die zur Verhütung verordnete Antibabypille enthält. Es handelt sich bei der Östrogenersatzbehandlung in den Wechseljahren jedoch um etwas ganz anderes. Das natürliche Hormon hat nicht die Nebenwirkungen, die Sie auf den Beipackzetteln der Antibabypillen finden. Bei schweren Lebererkrankungen und akuten thromboembolischen Erkrankungen sollte auf eine Östrogenbehandlung verzichtet werden.

## Zu wenig Therapietreue

Etwa zwanzig Prozent der Frauen, die ein Rezept für Östrogen bekommen haben, gehen erst gar nicht in die Apotheke, um sich das Medikament abzuholen oder nehmen das Hormon gar nicht ein, weil der Beipackzettel sie verängstigt hat. Weitere zwanzig Prozent setzen innerhalb der folgenden neun Monate die Hormone ab, und etwa zehn Prozent beenden die Östrogentherapie von sich aus vorzeitig, weil sie glauben, sie bräuchten die Östrogene nicht mehr. Diese Zahlen zeigen, daß mehr Aufklärung über Östrogene notwendig ist. Denn nur die Frauen, die ihre verordneten Hormone regelmäßig und langfristig einnehmen, kommen in den Genuß aller Vorteile.

## Die Vorteile

Die meisten Ärzte setzen überzeugt auf die günstige Wirkung der Hormonersatztherapie. Es werden aber nicht nur die typischen klimakterischen Beschwerden und die Symptome aus dem Unterleibs- und Blasenbereich gelindert. Genutzt wird auch die vorbeugende Wirkung auf Osteoporose und Arteriosklerose mit ihren Folgen.

Inzwischen hat sich bestätigt, daß eine langfristige Östrogenersatzbehandlung das Herzinfarkt- und Schlaganfallrisiko senken kann! Diese Untersuchungen zur Verhinderung von Herz-Kreislauferkrankungen durch Östrogene werden den Aspekt der Osteoporose-Vorbeugung in den nächsten Jahren ergänzen. Neuerdings hat man herausgefunden, daß die Gehirndurchblutung durch Östrogene verbessert wird.

# 6 Die Schmerzbehandlung

## Den Schmerz besiegen

Schmerzen sind oft eine große Belastung, besonders wenn sie zu Dauerschmerzen geworden sind. Sie behindern uns nicht nur in unserer Beweglichkeit, sondern auch beim Denken, beim Arbeiten, beim Entspannen, beim Umgang mit anderen Menschen. Schmerzen können sogar alle Lust am Leben nehmen.

Im Vordergrund stehen bei Osteoporose Schmerzen des Bewegungsapparates, die die Lebensqualität der betroffenen Patienten erheblich beeinträchtigen. Dies muß jedoch nicht sein – niemand braucht die Schmerzen widerstandslos zu ertragen, auch nicht die chronisch betroffenen Osteoporose-Kranken. Akute Schmerzen, wie sie zum Beispiel bei osteoporosebedingten Frakturen auftreten, lassen nach einiger Zeit nach. Wichtig ist, eine erneute Fraktur zu verhindern.

Anders verhält es sich mit den langanhaltenden Schmerzen, vor allem im Bereich der Wirbelsäule, die auf den langsam fortschreitenden Knochenschwund zurückzuführen sind. Es gibt für Betroffene aber keinen Grund, dann den Mut zu verlieren, denn es stehen verschiedene wirksame Maßnahmen zur Schmerzbehandlung zur Verfügung.

# Osteoporose-Schmerzen und ihre Folgen

## Das Schmerzbild

Wenn Osteoporose-Patienten über Schmerzen klagen, dann hört man: »Meine Knochen tun weh, es bohrt und zieht im Rücken.« Andere wiederum empfinden Rumpfschmerzen oder die große Müdigkeit am schlimmsten. Es läßt sich keine arttypische Eigenschaft des Osteoporose-Schmerzes herausfinden. Fest steht aber: Bei der Osteoporose werden die Schmerznerven in und um den Knochen ständig gereizt, und es handelt sich oft um Dauerschmerzen, auch nachts. Bei Bewegungen werden sie verstärkt, wobei dann auch durch den schmerzbedingten Bewegungsmangel die Muskeln geschwächt werden. Dadurch breitet sich der Schmerz allmählich über den ganzen Körper aus.

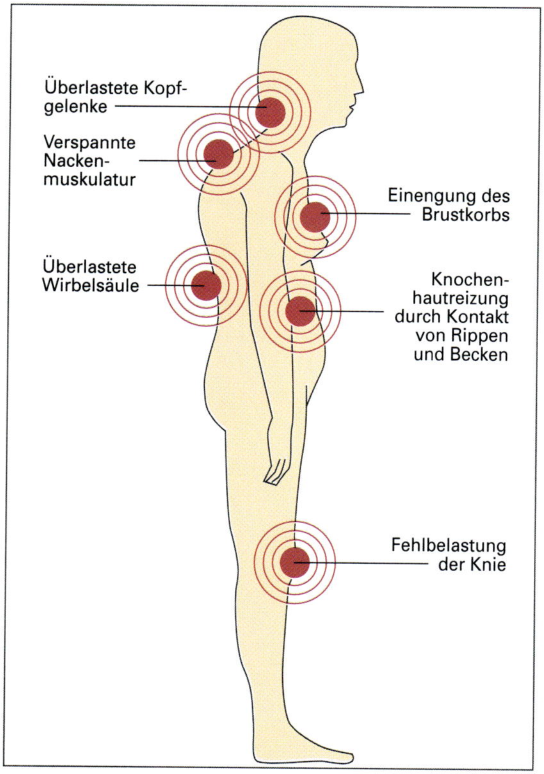


## Schwierigkeiten im Alltag

Durch Rückenschmerzen werden alltägliche Tätigkeiten oder Bewegungen zur Anstrengung oder teilweise unmöglich. Dies geschieht beim Gehen, Aufstehen, Bücken, Ankleiden, beim Tragen von Taschen und bei der allgemeinen häuslichen Selbstversorgung.

Das Ausmaß der Einschränkungen hängt unter anderem vom Ausmaß der Wirbeleinbrüche ab. Rückenschmerzen, Kleinerwerden und die schmerzhafte Plage im Alltag führen durch das Gefühl der Hilflosigkeit oft zu Niedergeschlagenheit bis hin zu Depressionen.

*Wo und warum Osteoporose häufig Schmerzen verursacht.*

# Möglichkeiten der Schmerzbehandlung

Neben den verschiedenen Maßnahmen, die unmittelbar den Knochenstoffwechsel verbessern, gibt es die unterschiedlichsten Möglichkeiten, die Beschwerden zu lindern. Welche Verfahren im einzelnen in Betracht kommen, muß für jeden Patienten individuell entschieden werden, abhängig von der zugrundeliegenden Schmerzursache, abhängig aber auch von den Bedürfnissen und dem Leidensdruck des Patienten. Auch eine bereits laufende symptomatische Schmerztherapie muß ständig auf ihre Wirkung und mögliche unerwünschte Begleiterscheinungen hin überprüft und gegebenenfalls neu überdacht werden.

## Nicht-medikamentöse Maßnahmen

Zur Verfügung stehen die aktive, stabilisierende Wirbelsäulengymnastik, die Transkutane Elektrische Nervenstimulation (TENS) sowie der Einsatz von Lokalanästhetika – entweder als Triggerpunktinfiltration bei Muskelverhärtungen oder als Nervenblockade bei Schmerzen. Die Akupunktur, die bei unterschiedlichen Schmerzen des Bewegungsapparates eingesetzt wird, kann ebenfalls genutzt werden, wenngleich es bisher über ihre Wirksamkeit bei Osteoporose keine Untersuchungen gibt. Weiterhin sind die verschiedenen psychologischen Verfahren der Schmerzbewältigung zu nennen.

## Grundregeln der Schmerzbehandlung

Bei einer Reihe von Osteoporose-Kranken muß vor Beginn der Bewegungstherapie unbedingt eine gezielte und konsequente Verabreichung von Schmerzmedikamenten erfolgen; besonders dann, wenn chronische Schmerzen zur ständigen Bewegungseinschränkung führen.

Bei einer geschädigten Wirbelarchitektur bereitet gesteigerte körperliche Aktivität Schmerzen. Deshalb muß eine medikamentöse Schmerzbehandlung vorgeschaltet

**Schmerzlinderung ist möglich**

- Medikamente
- physikalische Maßnahmen
- Krankengymnastik
- Bewegungstherapie
- Entspannungsübungen
- Selbsthilfeorganisationen

## Welche Medikamente helfen?

werden. Hier gibt es oft unbegründete Änste vor Abhängigkeit von Schmerzmitteln. Sprechen Sie darüber mit Ihrem Arzt! Bei starken Schmerzen trägt eine zeitweilige medikamentöse Schmerzbehandlung wesentlich dazu bei, daß sich Ihr Gesamtbefinden bessert.

### Vier Schmerzmittelgruppen

Nicht-Opioide mit entzündungshemmenden Eigenschaften
- Acetylsalicylsäure
- Ibuprofen retard
- Diclofenac retard

Nicht-Opioide
- Paracetamol
- Metamizol
- Flupirtin

Opioide
- Tramadol retard
- Dihydrocodein retard
- Dextropropoxyphen retard
- Tilidin mit Naloxon

Starke Opioide
- Buprenorphin
- Morphin retard

Die Auswahl von Schmerzmitteln richtet sich ausschließlich nach dem Schmerzausmaß. Es gibt ein ganzes Spektrum an Schmerzmitteln. Ob und wie gut Ihre Schmerzen auf ein bestimmtes Medikament ansprechen, erfahren Sie am besten durch eine praktische Erprobung. Zunächst sollten Sie eine Schmerzbehandlung einige Tage lang auf Probe durchführen.

Problematisch ist, daß eine gelegentliche Schmerzmitteleinnahme oft als »Zeichen der Schwäche« gesehen wird. Ängste vor Sucht verhindern häufig den Griff zum Schmerzmittel – sogar bei Betroffenen mit erheblichen Schmerzen. Hier muß zusammen mit dem behandelnden Arzt das Für und Wider gegeneinander abgewogen werden. Viele Ärzte sind der Meinung, daß unter üblichen Bedingungen durch die verordneten Medikamente keine Sucht erzeugt wird. Diese Einstellung wird weltweit durch zahlreiche Untersuchungen und Veröffentlichungen gestützt.

### Schmerzmittel-Liste

Im Kasten finden Sie vier Gruppen von Schmerzmitteln mit unterschiedlicher Wirkungsweise beziehungsweise -stärke. Die Auflistung ist natürlich nicht vollständig. Ob es Ihnen und Ihrem Arzt gelingt, mit diesen Medikamenten eine ausreichende Schmerzlinderung zu erreichen, hängt einmal von der Auswahl des Mittels ab, zum anderen von der ausreichenden Dosierung.

In unsere Übersicht haben wir vor allem Retard-Versionen der Medikamente aufgenommen, weil diese durch ihre Langzeitwirkung besonders bei Dauerschmerzen viele Vorteile haben.

## Richtlinien der Verordnung

Bei der medikamentösen Behandlung haben vor allem schmerzstillende Medikamente, die sogenannten Analgetika, große Bedeutung. Es gelten dabei die gleichen Therapieprinzipien, die ursprünglich für andere Schmerzformen erarbeitet wurden. Analgetika werden als Tabletten eingesetzt, die nicht nach Bedarf, sondern nach einem festen Zeitschema eingenommen werden sollten.

Die Intensität des Schmerzes bestimmt, welches Schmerzmittel verordnet wird. Am Anfang der Stufenleiter stehen nicht-opioide Analgetika, wie zum Beispiel nichtsteroidale Antirheumatika wie Acetylsalicylsäure. Wenn unter

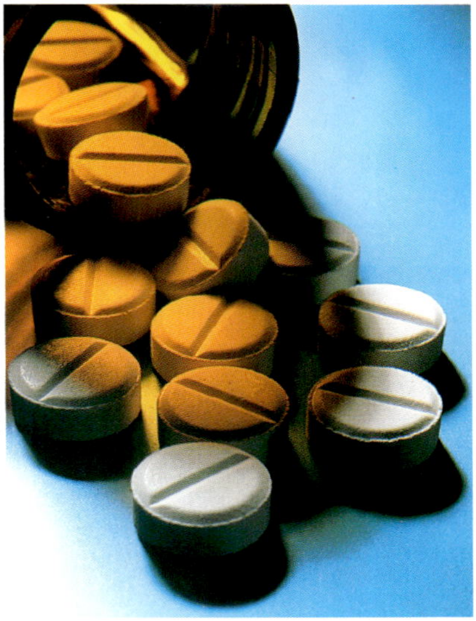

*Für die Einnahme der Schmerzmittel gilt: Sie werden nicht nach Bedarf, sondern nach einem festen Zeitschema eingenommen.*

einer derartigen Medikation keine zufriedenstellende Schmerzlinderung erzielt werden kann, verordnet der Arzt ein schwaches Opioid (zum Beispiel Tramadol, Dextropropoxyphen oder Dihydrocodein).

Der nächste Schritt ist dann die Umstellung auf ein starkes Opioid wie zum Beispiel Morphin, Buprenorphin oder Levomethadon. Eine Behandlung mit starken Opioiden in einer den Schmerzen angepaßten Dosis ist auch bei der Osteoporose effektiv und kann über

Monate hinweg durchgeführt werden, ohne daß Suchtgefahr besteht. Die am häufigsten beobachteten Begleiterscheinungen unter Opioiden sind Verstopfung sowie Übelkeit und Erbrechen. Vor allem anfänglich kann Müdigkeit auftreten, ein Symptom, das sich aber in aller Regel unter der Therapie bessert.

Das Behandlungsergebnis mit Analgetika läßt sich bei spezifischen Schmerzsyndromen durch eine Kombination verschiedener Medikamente verbessern. Antidepressiva sind bei einer reaktiven Depression im Zusammenhang mit chronischen Osteoporose-Schmerzen angezeigt.

Das Kalzitonin (Seite 69) hat unabhängig von seiner Wirkung auf den Knochenstoffwechsel bei einzelnen Patienten schmerzstillende Effekte gezeigt. Ob diese Wirkung tatsächlich vorhanden ist, läßt sich nach wenigen intravenösen Anwendungen beurteilen. Eine Behandlung über Wochen oder gar Monate zum ausschließlichen Zweck der Schmerztherapie ist nach vorheriger Überprüfung der Wirksamkeit sinnvoll.

## Die richtige Anwendung

Bei einer Osteoporose, die mit Dauerschmerzen einhergeht, ist es wichtig, das Medikament in regelmäßigen Abständen rund um die Uhr einzunehmen.

Grundsätzlich sollen Schmerzmittel oral, das heißt durch den Mund, zugeführt werden. Das erspart das lästige Spritzen und spricht die Selbstverantwortung des Betroffenen an. Wichtig ist auch die ausreichende Dosierung. Besonders bei Medikamenten mit Langzeitwirkung, sogenannten Retardpräparaten, kann es mehrere Tage dauern, bis Sie sich an die für Ihren Schmerz nötige Dosierung »herangearbeitet« haben.

Schmerzmittel haben, wie alle Medikamente, auch unerwünschte Nebenwirkungen: zum Beispiel Müdigkeit, Magenreizung, allergische Reaktionen. Um dies zu verhindern, spielt die Auswahl des richtigen Medikaments eine wichtige Rolle.

# Schmerzbehandlung aus eigener Kraft



Es gibt unzählige Arten der Schmerzbehandlung. Im Vordergrund steht natürlich die Schmerzlinderung und damit das Zurückgewinnen der Beweglichkeit.

Besonderes Gewicht haben hier die physikalischen Methoden (Seite 91), Krankengymnastik, die richtige Haltung (Seite 133) und verschiedene Bewegungsprogramme (Seite 98). Wir haben diesen bedeutenden Therapieformen eigene Kapitel gewidmet.

Sie können auch aus eigener Kraft viel zur Schmerzbehandlung beitragen. So werden Sie zum Partner und verlängerten Arm Ihres Arztes. Am wirksamsten ist es, wenn Sie die Schmerzen gleichzeitig auf mehreren Wegen zurückdrängen.

Da Anspannung und Verspannung wesentlich bei der Entstehung von Schmerzen beteiligt sind, spielt die innere und äußere Entspannung eine große Rolle. Hier können **Autogenes Training** oder die **Progressive Muskelentspannung nach Jacobson** einen wesentlichen Beitrag leisten.

Ganz wichtig ist es auch, auf den richtigen Umgang mit dem täglichen **Streß und Ärger** zu achten. Diese verschlimmern nämlich die Schmerzen, vor allem bei empfindsamen Naturen. Wie wichtig solche Einflüsse sind, weiß man besonders von Menschen, die zu Kopfschmerzen neigen: Es sind meist die täglichen Belastungen im Beruf und in der Familie, die eine Kopfschmerzattacke auslösen. Streßbewältigung hilft Ihnen auf jeden Fall bei der Schmerzbewältigung. Hilfe finden Sie hier auch in

## Schmerztagebuch: Fünf Stufen der Schmerzstärke

**Stufe 1:** Kein Schmerz
**Stufe 2:** Mäßiger Schmerz (Wird zum Beispiel bei Ablenkung nicht mehr wahrgenommen.)
**Stufe 3:** Mittelstarker Schmerz (Hindert Sie zum Beispiel beim Gehen oder beim Einschlafen.)
**Stufe 4:** Starker Schmerz (Sie möchten zum Beispiel dauernd liegen; Denken und Sprechen kreisen hauptsächlich um den Schmerz; Sie fühlen sich hilflos.)
**Stufe 5:** Extrem starker Schmerz (Sie möchten schreien, werden depressiv und sehen keinen Lebenssinn mehr.)

## Schema für ein Schmerztagebuch

| | Frage | Beispiel |
|---|---|---|
| Datum | Wann? | 11. 7. 95 |
| Uhrzeit: | | 11.00 Uhr |
| Schmerzen: | Wie stark? (Stufen 1-5) | 4 (stark) |
| Körperpartie: | Wo treten sie auf? | Lendenbereich |
| Aktivität: | Was mache ich gerade? | Staubsaugen |
| Verfassung: | Was denke ich gerade? | Muß gemacht werden |
| Hilfe: | Was tue ich dagegen? | Kurze Pause |
| Ergebnis: | Was passiert? | Kaum Linderung |

einer Gesprächsgruppe, wie sie zum Beispiel von Selbsthilfeorganisationen und dem Kuratorium Knochengesundheit vermittelt wird.

In immer mehr Städten und Gemeinden gibt es Gesundheitszentren. Dort können Sie Informationen über Einrichtungen der Schmerzbehandlung und -bewältigung erhalten.

### Hilfe durch ein Schmerztagebuch

Wenn Sie ein Schmerztagebuch führen, können Sie Ihre Schmerzwahrnehmung schulen. Sie sollten täglich mehrmals mit Hilfe einer Wortskala Ihre augenblickliche Schmerzstärke (siehe Kasten Seite 79) festhalten. Schreiben Sie auf dem Tagebuchblatt zu jeder Angabe die Uhrzeit auf, und vermerken Sie – ebenfalls mit Uhrzeit – auch alle Maßnahmen zur Schmerzlinderung. Mit Ihren Angaben können Sie eine Schmerzkurve als Überblick über mehrere Tage, ähnlich einer Fieberkurve, zeichnen. So können Sie besser feststellen, ob eine Behandlung wirksam ist.

Bringen Sie Ihre Schmerzkurve auch in die Sprechstunde mit. Die Verständigung mit dem Arzt ist dann einfacher und besser.

Außerdem lernen Sie mit dem Schmerztagebuch, Schmerzen in ihrer Unterschiedlichkeit zu erkennen, zum Beispiel im Tagesrhythmus und in ihrer Beeinflußbarkeit durch Ablenkung und andere Vorgänge im täglichen Leben.

# Übungen zur Entspannung und Schmerzlinderung

Regelmäßige körperliche Aktivitäten lenken von den Schmerzen ab. Sie führen zu einer emotionalen Ausgeglichenheit und fördern einen gesunden Schlaf. Entspannungsmethoden und Entlastungshaltungen lindern akute Schmerzen. Gymnastische Übungen lösen Muskelverspannungen und helfen damit bei chronischen Schmerzen. Tips aus der Rückenschule (Seite 133) tragen zu einem wirbelsäulenschonenden Alltagsverhalten bei und beugen Schmerzen vor.
Ziel folgender Übungen zur Entspannung und Schmerzlinderung ist, daß Sie lernen
• welche Ruhelagerungen unmittelbar helfen können;

## Praktische Tips

1. Nehmen Sie sich Zeit bei der Durchführung dieses Selbsthilfeprogramms. Es ist der erste Schritt zur Schmerzbewältigung!
2. Üben Sie mehrmals pro Tag.
3. Lesen Sie zu Beginn zuerst die Anweisungen genau durch.
4. Probieren Sie alle Übungen aus und entscheiden Sie selbst, welche Lagerungen und Übungen Ihnen besonders guttun.
5. Seien Sie bei den Übungen in der Rückenlage besonders vorsichtig. Gehen Sie über Hocke und Kniestand vorsichtig auf den Boden. Stützen Sie sich mit den Händen ab.
6. Denken Sie vor allem auch an eine ruhige und tiefe Atmung. Die Atmung sitzt an der »Nahtstelle von Körper und Seele«.
7. Überfordern Sie sich nicht.
8. Bedenken Sie, daß nach längerem Liegen der Kreislauf oft etwas absacken kann. Stehen Sie deshalb nicht abrupt auf, sondern fangen Sie mit kleinen Bewegungen im Liegen an, um Ihren Kreislauf anzuregen.
Zum Beispiel können Sie:
• sich räkeln und in alle Richtungen strecken,
• die Hände zu Fäusten ballen und wieder öffnen,
• mit den Füßen Kreise beschreiben,
• abwechselnd ein Bein zur Decke strecken.

- wie Sie Entspannung und Ruhe finden;
- welche Übungen die verspannte Muskulatur lockern;
- wie Sie Schmerzen vermeiden können.

## Entspannung als Schlüssel zur Schmerzlinderung

Legen Sie sich flach auf den Rücken, strecken Sie die Beine, die Füße fallen locker nach außen. Die Arme liegen seitlich neben dem Oberkörper. Hören Sie in sich hinein und spüren Sie, wie Ihr Kopf, Ihr Rücken, Ihre Arme und Beine auf der Unterlage aufliegen. Versuchen Sie, eine möglichst bequeme Position einzunehmen (Foto 1). Vielleicht ist es für Sie bequemer, wenn die Handrücken zur Decke zeigen.

Falls Sie beim flachen Liegen Verspannungen oder Schmerzen in der Nacken- und Kopfgegend verspüren, benutzen Sie ein Kopfkissen. Es sollte jedoch nicht zu hoch sein (Foto 2).

Ein zusammengerolltes Handtuch bietet dem Hals die notwendige Stütze. Probieren Sie aus, ob diese Haltung für Sie bequemer ist (Foto 3).

Achten Sie beim Liegen jetzt vor allem auf den Lendenbereich. Haben Sie das Gefühl, daß in diesem Bereich irgend etwas nicht angenehm ist? Liegt die Lendenwirbelsäule auf dem Boden auf, oder bildet sie eine Brücke? Fühlt sich die Muskulatur locker an, oder ist sie verspannt?

Dann probieren Sie doch einfach mal aus, wie es ist, ein Kissen als Unterstützung unter die Lendenwirbelsäule zu legen (Foto 4). Im Sanitätsfachhandel gibt es spezielle Kissen für den Nacken- und Lendenbereich.

Probieren Sie aus, wie es ist, wenn Sie die Beine hochstellen (Foto 5). Spüren Sie dann weniger oder mehr Zug oder Druck in der Lendenwirbelsäule?

Bei besonders starken Schmerzen kann es angenehm sein, die Beine ganz hoch zu legen, zum Beispiel auf einen Sessel oder einen Stuhl.

Rollen Sie sich vorsichtig aus der Rückenlage in die Seitenlage. Die Beine sind leicht angewinkelt, die Arme liegen vor dem Körper, und der Kopf liegt ruhig auf einem Kissen. Nehmen Sie ein Kissen zwischen die Knie, um zu verhindern, daß sich die Hüfte dreht (Foto 6). Eventuell hilft Ihnen auch hier wieder ein Kissen seitlich unter der Lendenwirbelsäule als Unterstützung.

*1. Flach und möglichst bequem auf dem Rücken liegen.*

*2. Ein flaches Kopfkissen hilft bei verspanntem Nacken.*

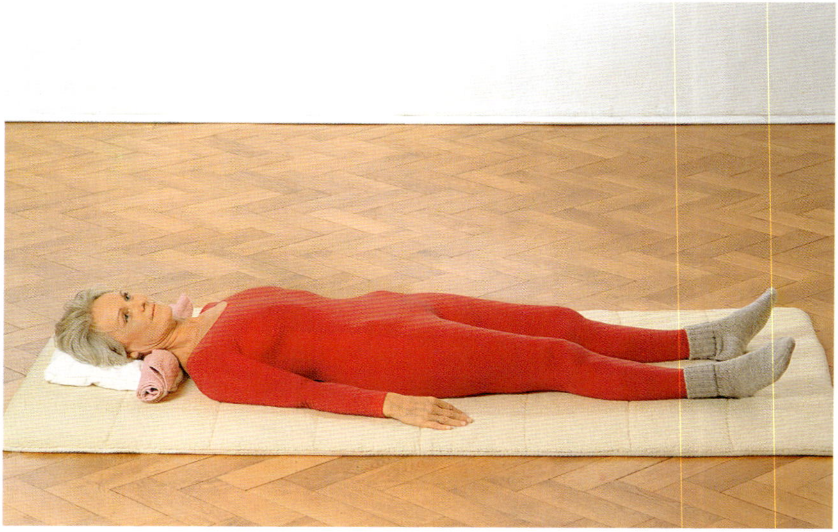

*3. Ein Handtuch gibt dem Hals zusätzlichen Halt.*

*4. Ein Kissen unter dem Lendenbereich stützt die Wirbelsäule.*

*5. Hochstellen der Beine kann die Lendenwirbelsäule entlasten.*

*6. Ein Kissen zwischen den Knien verhindert eine Verdrehung der Hüfte.*

Manche Osteoporose-Patienten mit fortgeschrittener Erkrankung finden das Sitzen am bequemsten. Nehmen Sie am besten einen einfachen Stuhl mit fester, ebener Sitzfläche ohne Armlehnen. Setzen Sie sich auf den Stuhl, mit dem Rücken fest an die Rückenlehne. Nehmen Sie als Unterstützung für die Wirbelsäule ein Kissen in den Lendenbereich. Vielleicht haben Sie Schwierigkeiten, mit den Füßen auf den Boden zu kommen. Dann nehmen Sie noch einen kleinen Fußhocker und stellen Ihre Füße darauf.

Für eine wohltuende und umfassende Entspannung ist es wichtig, daß Sie eine Ruhelagerung finden, die Ihnen angenehm ist. Die letzten Übungen haben Ihnen dabei vielleicht etwas geholfen. Gleichzeitig sollten Sie wissen, daß Sie sich nicht entspannen, wenn Sie an belastende Dinge denken. Lösen Sie sich von diesen Gedanken! Vielleicht gelingt es Ihnen besser, wenn Sie sich zunächst auf Ihre Atmung konzentrieren. Richtiges und tiefes Atmen ist der Schlüssel zur Muskelentspannung.

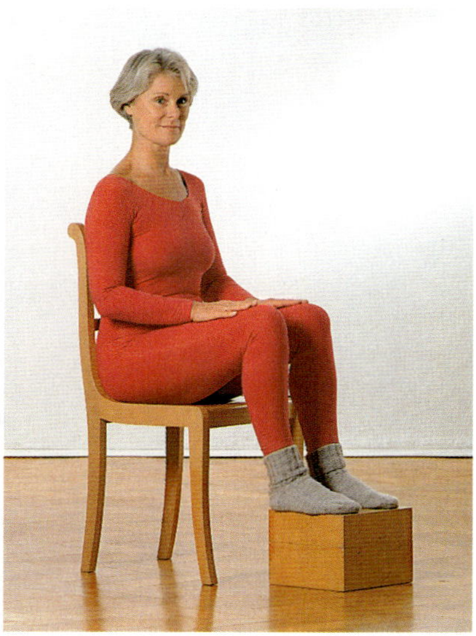

*7. Die Füße unterstützen, wenn sie nicht bis zum Boden reichen.*

## Richtiges Atmen – der Schlüssel zur Muskelentspannung

Begeben Sie sich in eine für Sie angenehme Ruhelage, die Sie auch über einige Minuten beibehalten können. Am besten wäre natürlich die Rückenlage, in der Sie Ihre Atmung frei spüren können. Bauch- und Seitenlage sind eher nicht geeignet.

Legen Sie Ihre Hände seitlich an die Rippen, so daß die kleinen Finger den Rippenbogen spüren (Foto 8). Atmen Sie bewußt ruhig und tief aus und ein. Vielleicht probieren Sie, durch die Nase einzuatmen und durch den leicht geöffneten Mund auszuatmen. Spüren Sie Ihrer Atemluft nach, wie sie durch den Rachenraum und durch die

8. Seitlich an den Rippen läßt sich die Brustatmung »erspüren«.

9. Mit etwas Übung läßt sich die Brustatmung ohne Hände spüren.

10. Bauchatmung: Beim Einatmen hebt sich die Bauchdecke an.

11.»In den Bauch hineinatmen« und der Atemluft nachspüren.

12. Rückenatmung: Beim Einatmen verstärkt sich der Druck auf die Hände.

13. Der Atmung im Rückenbereich nachspüren.

Luftröhre bis in die Bronchien und die Lunge strömt. Spüren Sie, wie sich die Rippen dabei ausdehnen. Beim Ausatmen senken sich die Rippen wieder, die Luft strömt aus der Lunge über die Bronchien, die Luftröhre, den Rachenraum und den Mund wieder nach außen. Forcieren Sie nun für einige Male Ihre Atemzüge und beobachten Sie, wie sich die Bewegung verstärkt.

Versuchen Sie nach einiger Zeit, die Brustatmung ohne Ihre Hände bewußt zu spüren (Foto 9). Beim Einatmen dehnen sich die Rippen aus, beim Ausatmen senken sie sich zurück.

Legen Sie Ihre Hände seitlich leicht auf den Bauch, so daß Ihre Mittelfinger ungefähr den Bauchnabel berühren (Foto 10). Atmen Sie »in den Bauch hinein«. Spüren Sie, wie sich die Bauchdecke beim Einatmen anhebt und beim Ausatmen absenkt.

Verstärken Sie wiederum einige Male Ihre Atmung, und spüren Sie der Bewegung nach. Nach mehreren Versuchen sollten Sie die Bauchatmung ohne Hilfe Ihrer Hände erfahren (Foto 11).

Schieben Sie Ihre Hände im Lendenbereich seitlich unter den Rücken (Foto 12). Vielleicht merken Sie, wie sich beim Einatmen der Druck auf Ihre Hände verstärkt, und wie er beim Ausatmen abnimmt. Probieren Sie es nach einiger Zeit wiederum ohne Ihre Hände. Spüren Sie Ihrer Atmung nach (Foto 13).

Atmen Sie wieder einige Male tiefer ein und aus und versuchen Sie, den verstärkten Druck zu spüren.

Probieren Sie zum Abschluß, alle Formen der Atmung zu spüren. Beim Einatmen weitet sich der Brustraum, die Rippen gehen auseinander, die Bauchdecke hebt sich, und der Rücken drückt gegen den Boden. Beim Ausatmen ist es entsprechend umgekehrt. Versuchen Sie, Ihren eigenen Atemrhythmus zu finden. Atmen Sie nicht zu tief oder zu schnell. Falls es für Sie nicht möglich ist, diese Atemübungen in Rückenlage auszuführen, probieren Sie es im Sitzen.

# Hilfe durch Selbsthilfegruppen

Die Idee der Selbsthilfegruppen geht vielerorts von den Betroffenen selbst aus – Ärzte, Krankengymnasten und Sportpädagogen wirken sehr oft unterstützend mit. Nicht selten kommt es auf dieser Ebene zu einer fruchtbaren Zusammenarbeit zwischen Patienten, Ärzten, Krankengymnasten und Sportpädagogen, Psychologen und Ernährungsberatern.

Für den Osteoporose-Kranken bedeutet der Anschluß an eine Selbsthilfeorganisation nicht nur, daß er motiviert wird, aktiv zu sein. Im Gespräch und in der Gemeinsamkeit lernt er nette Menschen kennen, hat wieder mehr Freude am Leben und bekommt viele wertvolle Tips, um die Angst vor der Krankheit und sogar sie selbst zu überwinden.

## Warum Selbsthilfegruppen?

Durch die osteoporose-spezifischen Bewegungsangebote werden Betroffene ganz besonders angesprochen. Gymnastik beziehungsweise Wassergymnastik ist für diejenigen, die jahrzehntelang keinen Sport mehr machen konnten, oft ein »letzter Strohhalm« in der langen Krankheitsgeschichte.

*Sich in einer Selbsthilfegruppe zum Beispiel gemeinsam zu bewegen, bringt nicht nur viel für die Beweglichkeit, sondern fördert auch die Lebensqualität.*

Die Kursleiter sind durch den behandelnden Arzt über die Teilnehmer hinsichtlich Diagnose, Begleiterkrankungen und Belastbarkeit informiert.

Bedenken Sie aber, daß nur die dauerhafte Teilnahme an Selbsthilfegruppen über Monate und Jahre den erwünschten Erfolg bringt! Erfahrungen zeigen, daß längere Pausen den Therapieprozeß einschneidend unterbrechen.

Die Adressen von Selbsthilfegruppen erfahren Sie über das Kuratorium Knochengesundheit e.V. (Seite 148).

## Ziel und Nutzen von Selbsthilfegruppen

An erster Stelle werden Betroffene aufgeklärt – durch Informationsveranstaltungen, Öffentlichkeitsarbeit und natürlich auch im Erfahrungsaustausch. Aufgrund der organisierten und geeigneten Bewegungsangebote lassen die Schmerzen nach, die Mobilität erhöht sich und auch die Alltagsmotorik, besonders wichtig für die älteren Patienten, wird verbessert.

Die Durchführung von Gemeinschaftsveranstaltungen verhindert krankheitsbedingte Isolation. »Social support« – also Einbindung in und Unterstützung durch eine Gemeinschaft von Betroffenen – ist hier das Stichwort: Die Lebensqualität steigt mitunter auch, weil neue Freundschaften erwachsen und durch die aktive Mitarbeit neue Aufgaben und Lebensinhalte entstehen.

# 7 Physikalische Therapie

## Die Knochen kräftigen

Die physikalische Therapie ist unverzichtbar bei der Behandlung der Osteoporose. Das Prinzip der physikalischen Therapie basiert – vereinfacht gesagt – zum einen auf mechanischen Kräften, die das Knochenwachstum stimulieren, zum anderen einer Förderung des allgemeinen Trainingszustandes, der sich indirekt im positiven Sinn auf die Knochenfestigkeit auswirkt. Dies wird durch Training spezieller Muskelgruppen (wirkt örtlich) sowie der Ausdauer (wirkt auf den ganzen Körper) erreicht. Das Ziel dabei ist, im Alltag eine korrekte Haltung und einen aufrechten Gang bewahren zu können. Denn die tägliche Gewohnheitshaltung trägt wesentlich dazu bei, ob und wie sich die Wirbelsäule im Lauf der Jahre verformt.

Eine »Rückenschule im Überblick« für eine korrekte Haltung im Alltag finden Sie in Kapitel 10, Seite 133.

Welches Mittel beziehungsweise Verfahren der physikalischen Therapie bei Ihnen zum Einsatz kommt, hängt von Ihrer körperlichen Verfassung ab – Ihr Arzt verordnet die für Sie geeigneten Übungen oder Anwendungen.

# »Physikalische Schmerzmittel«

Besonders wichtig für Osteoporose-Patienten: Schmerzfreiheit ist die Voraussetzung, um körperlich aktiv werden zu können. Auch bei der Schmerzbehandlung leistet die physikalische Therapie wertvolle Dienste. Welche Form der physikalischen Behandlung eingesetzt wird, richtet sich nach Art beziehungsweise Ursache des Schmerzes:

• Der sogenannte osteogene Schmerz, der typische, durch Wirbelkörperfrakturen verursachte Schmerz bei Osteoporose, ist ausgesprochen quälend und verstärkt sich oft beim Liegen. In erster Linie wird dieser Schmerz mit Arzneimitteln – Kalzitonin (Seite 69) und Analgetika (Seite 76) – behandelt. Unterstützend wirken kühle, kurzdauernde Wickel, Vermeiden von flachem Liegen sowie krankengymnastische Übungen, bei denen die Rumpfmuskulatur angespannt und wieder entspannt wird.

• Schmerz, der von den Bändern und Sehnen der Wirbelsäule ausgeht (spondylogener Schmerz), verstärkt sich bei Bewegung und bessert sich, wenn jede unnötige

*Krankengymnastische Übungen sind Bestandteil der physikalischen Therapie bei Osteoporose.*

Bewegung vermieden wird. Physikalische Maßnahmen, die helfen, sind Kälte oder Wärme in Form von Wickeln und Auflagen sowie krankengymnastische Übungen, bei denen der Rumpf nur ganz wenig in alle Richtungen bewegt wird.

- Muskelschmerz entsteht durch Veränderungen der mechanischen Eigenschaften des Muskelgewebes aufgrund der oben erwähnten Schmerzen, und er kann bis auf Sehnen, Haut und Unterhaut ausstrahlen.

Die physikalische Behandlung beginnt meist mit einer kombiniert pharmakologisch-physikalischen Dehnungsbehandlung, die eine Entlastung ohne Ruhigstellung von Gliedern oder Gelenken (Immobilisation), eine ganz milde Wärme- oder Kältetherapie und allenfalls eine entspannende Muskelmassage umfaßt.

## Spezielle physikalische Behandlungen

Die im folgenden kurz beschriebenen Therapieverfahren werden jeweils individuell verordnet.

### Massage

Eine Folge von osteoporotischen Knochenveränderungen können überlastete und schmerzende Muskelpartien sein. Der Arzt wird in diesem Fall zunächst eine Reihe von speziellen Massagen verordnen, mit dem Ziel, daß Bewegungen wieder ohne Schmerzen möglich werden. Erst dann kann aktiv mit Muskeltraining begonnen werden. Somit dient Massage immer nur der Vorbereitung der eigentlichen Behandlung.

**Übrigens: Massagen sind nicht bei allen Patienten in gleichem Maß wirksam!**

### Wärmebehandlungen

Eine kräftige Wärmezufuhr über die Haut, zum Beispiel durch Fango- oder Moorpackungen, entspannt und erwärmt oberflächliche Muskelschichten, um sie auf anschließende manuelle Behandlungen wie Massagen vorzubereiten. Ein warmes Bad oder ein Saunagang dienen demselben Zweck. Wärmebehandlungen sind nur bei ganz hartnäckigen Schmerzen und

Verhärtungen der Muskulatur notwendig und werden nicht generell verordnet. Der Grund: Die Muskulatur läßt sich schwerer massieren, wenn die Haut vorher mit feuchter Wärme behandelt wurde.

**Bewegungsbad**

Bewegungsübungen sind prinzipiell effektiver für den Knochen, wenn sie nicht im Wasser durchgeführt werden. Trotzdem ist das Bewegungsbad eine grundlegend wichtige physikalische Therapiemaßnahme bei Osteoporose:

- Aufrechtes Gehen im Wasser aktiviert die gesamte Rumpfmuskulatur.
- Im Wasser läßt sich die korrekte, aufrechte Haltung »schwerelos« wieder erar-

## Regelmäßig Sport treiben

Zwar zählt nicht die Leistung allein, sondern die Freude an der Bewegung – trotzdem sollte das Körpertraining unbedingt Bestandteil des täglichen Lebens werden. Vom regelmäßigen täglichen Üben profitieren die Knochen mehr als von einer Stunde Sport zwei bis dreimal die Woche. Bei wenigen wöchentlichen Sportaktivitäten kann es sogar zu einem nachteiligen Effekt, nämlich zu einem gesteigerten Knochenumbau aufgrund von momentaner Überlastung kommen.

Wenn Sie beginnen, eine Sportart zu erlernen, sollten Sie dies nur unter fachmännischer Anleitung tun. Sonst ist die Gefahr eines Unfalls zu groß. Starten Sie langsam und Schritt für Schritt. Wählen Sie eine sportliche Aktivität, die Ihren ganzen Körper beansprucht, Ihre Ausdauer steigert, bei der Sie sich korrekt aufrecht halten und richtig atmen können.

Am besten beraten Sie mit Ihrem Bewegungstherapeuten, welcher Sport für Sie in Frage kommt. Mehr zum Thema Sport finden Sie auf Seite 98.

beiten und auch trainieren.
• Im Wasser ist es möglich, die Reaktionsfähigkeit gegen drohendes Umfallen im Sinne eines »Falltrainings« zu schulen.
• Im Wasser ist es leichter, sich aufrecht zu halten, und eine aufrechte Haltung stärkt wiederum das Selbstvertrauen in die eigenen Möglichkeiten.

### Mieder und Korsett

Das elastische Mieder, auch Rumpforthese genannt, ist während der Phase der Mobilisierung und dem anschließend beginnenden Körpertraining sehr hilfreich. Durch das Mieder werden schnelle und unkontrollierte Bewegungen des Rumpfes und der Wirbelsäule vermieden beziehungsweise aufgefangen. Nicht zuletzt hält das Mieder auch ein bißchen gerader. Unwahr ist, daß durch ein Mieder die Muskulatur geschwächt wird – es ist eher das Gegenteil der Fall.

Ein starres, sogenanntes Dreipunktekorsett kann notwendig werden, wenn Wirbelkörper gebrochen sind – dieses Korsett garantiert, daß die Wirbelsäule in aufrechter Haltung ruhiggestellt bleibt.

## Physikalische Therapie spezieller Krankheitszustände

### Bei akutem Schmerzschub, zum Beispiel nach einer Wirbelkörperfraktur

• Entlastung durch Lagerung. Die Lendengegend wird mit einem Kissen unterlagert; das flache Liegen wird durch Phasen von halbaufgerichtetem Liegen unterbrochen.
• Bei extrem starken Schmerzen wiederholt kalte Wickel um den gesamten Rumpf für je zwei bis drei Minuten; später können die Wickel zunehmend länger belassen werden, bis ein Wärmestau entsteht; den Abschluß bilden warme Wickel.
• Stemmübungen zwischen Kopf- und Fußende des Bettes sowie isometrische Übungen in rhythmischer Art.
• Vorsichtiger Beginn mit Beckenbewegungsübungen, möglichst lange und in alle Richtungen.
• Nach wenigen Tagen als Abschluß die Einleitung der Bewegungstherapie im Bewegungsbad. Anfangs in Horizontallagerung, später in aufrechter Position.

### Bei vorwiegenden Haltungs- oder Überlastungsbeschwerden

• Wärme und Massagen zur Vorbereitung der überlasteten Muskeln und Bindegewebe.

• Großzügige Entlastung der Wirbelsäule durch entsprechende Lagerung.
• Dehnübungen für die Schultergürtel- und Beckengürtelmuskulatur.
• Beckenbewegungsübungen im ausdauernden Sinn. Zu Beginn im Liegen und im Wasser, später auf dem großen Therapieball.
• Widerstands- und Bewegungsübungen vor allem in Richtung der Aufrichtung der Brustwirbelsäule und des Beckens.
• Konsequente Erarbeitung der aufrechten Haltung im Stehen, Gehen und zuletzt im Sitzen. Das Gehtraining »Walking« spielt als tägliche sportliche Betätigung eine dominierende Rolle.
• Übergang zu einem patientenfreundlichen Ausdauertraining.

**Bei drohender Fraktur im beschwerdefreien Zustand**

• Genaue Einweisung in ergonomisch korrektes Alltagsverhalten (Sturzvermeidung, Gleichgewichtstraining, Vermeidung aller Hebelbelastungen, korrekte Haltung und andere).
• Beginn eines lokalen Kraft-Ausdauertrainings mit Betonung der besonders gefährdeten Körperregionen in Form von fortgesetzten und dosierten Widerstandsübungen über die Dauer von je drei bis fünf Minuten.
• Beginn eines Ausdauertrainings, das täglich durchgeführt werden soll. Eine ideale Sportform ist das beschleunigte Gehtraining (»Walking«); Joggen, Tanzen oder Bergwandern sind ebenfalls empfehlenswert.

**Bei drohender Osteoporose**

• Üben und Trainieren der richtigen Haltung (Rückenschule).
• Lokales Muskelaufbautraining.
• Beginn eines Ausdauertrainings.

*Ein besonders günstiges Ausdauertraining bei Osteoporose ist das Gehen, auch Walking genannt.*

# 8 Bewegungsprogramme und Sport

## Wer rastet, der rostet

Bewegung »stützt« die Wirbelsäule. Regelmäßige körperliche Aktivität verbessert die Muskelkraft, fördert die Beweglichkeit, erhöht die Reaktionsschnelligkeit und trainiert das Gleichgewichtsvermögen. Deshalb ist ein »bewegtes Leben« gerade für Menschen wichtig, die an Osteoporose erkrankt sind.

Ein Bewegungsprogramm beziehungsweise die sportlichen Aktivitäten sind unbedingt in den täglichen Tätigkeitsablauf zu integrieren ( Seite 94). Bauen Sie Ihre sportlichen Leistungen langsam und stufengerecht auf. Überfordern Sie sich nicht!

Am besten ist ein Training in der Gruppe unter Anleitung eines speziell dafür ausgebildeten Kursleiters. Sie können aber auch allein üben beziehungsweise Ihre wöchentlichen Übungsstunden durch Gymnastik zu Hause unterstützen. Es ist natürlich schwierig, bestimmte Übungen auszuwählen und zu empfehlen, ohne Ihren momentanen körperlichen Zustand zu kennen. Davon abhängig sollten Sie sich »Ihr« Übungsprogramm aus den unterschiedlichen Übungen im Sitzen, Stehen und Liegen selbst auswählen und mit Ausdauertraining und Atemübungen (Seite 86) ergänzen.

# Beim Training beachten!

- Lesen Sie die Übungsanleitungen vor Beginn sorgfältig durch.

- Unter Berücksichtigung des Schwierigkeitsgrades steigern Sie beim dynamisch orientierten Muskelaufbau nach und nach die Wiederholungszahl von drei auf sechs bis zwölf Wiederholungen. Je nach Alter, Fitneß und Krankheitsstadium kann die Anzahl der Serien mit gleichen Übungen auf drei gesteigert werden.

- Die Pausenlänge zwischen den Serien soll nicht unter drei Minuten liegen.

- Forcieren Sie nichts! Am Ende einer Serie sollte das Belastungsempfinden nicht als zu einfach oder zu schwer angesehen werden. Verstärkte Atmung und ein leichtes Schwitzen zeigen etwa die optimale Intensität an.

- Ein günstiger Trainingseffekt ist bei einem mindestens zweimal wöchentlich durchgeführten Training erreicht. Ein Heimprogramm kann hier die wöchentliche Übungsstunde sinnvoll ergänzen.

- Bei isometrischen Übungen ist ein optimaler Trainingseffekt bereits nach vier bis sechs Sekunden erreicht. Eine längere Anspannungsphase ist daher nicht nötig. Fünf Trainingsreize pro Tag garantieren einen längerfristigen Erfolg.

- Für das Ausdauertraining wird Gehen und Laufen empfohlen. Bei fortgeschrittener Osteoporose (mit Wirbelfrakturen) ist das Laufen (Jogging) abzulehnen. Weitere ausdauerorientierte Belastungsformen sind das Training auf dem Heimfahrrad, Wandern, Tanzen, Gymnastik mit Musik und Schwimmen.

- Für ein Koordinationstraining können vielfältige Übungsformen aus dem Bereich Seniorensport und Psychomotorik (zum Beispiel Balanceübungen auf variablem Untergrund, auf einem Bein, mit geschlossenen Augen) übernommen werden.

  Der Einsatz von Spiel- und Sportgeräten dient der Verbesserung der Koordination, fördert die Schulung aller Sinne und erhöht damit auch die Bewegungssicherheit.

# Bewegungstraining bei Wirbelsäulen-osteoporose

## Gezieltes Muskeltraining

Ein lokales Muskeltraining der Rumpfmuskulatur – den an der Wirbelsäule ansetzenden Muskeln – regt den Knochenstoffwechsel an und wirkt sich günstig auf die Knochendichte aus.

Der Ausgleich muskulärer Ungleichgewichte, insbesondere die Stabilisierung der die Wirbelsäule aufrichtenden Muskelketten, fördert die natürliche Haltung und Bewegung. Außerdem wirkt dies der zunehmenden Beugung der Wirbelsäule entgegen. Gezieltes Muskeltraining orientiert sich an den muskelphysiologischen Eigenschaften und an den praktischen Anforderungen. Einerseits besteht es daher aus Trainingsformen zur Förderung des Muskelaufbaus (isometrisch und dynamisch). Andererseits sollen die Übungen die Muskelausdauer verbessern, damit Sie bestimmte Haltungen über längere Zeit ohne Ermüdung einnehmen können.

Dehnungsübungen unterstützen das Lösen von Muskelverspannungen. Längerfristig lassen sich dadurch chronische Rückenschmerzen lindern. Wichtig: Die Übungen dürfen die bereits osteoporotisch veränderte Wirbelsäule keinesfalls zusätzlich belasten!

Praktische Hinweise für Ihr Trainingsprogramm finden Sie im Kasten auf Seite 102.

## Gehen und Laufen

Der rhythmische Wechsel von Be- und Entlastungsphasen der Wirbelsäule, wie es zum Beispiel beim kontrollierten Gehen und Laufen der Fall ist, fördert insbesondere den Stoffwechsel der Bandscheiben. Dies trägt mit dazu bei, ihre Funktion als »natürlicher Stoßdämpfer« möglichst lange aufrechtzuerhalten. Die auf die osteoporotisch veränderten Wirbelkörper einwirkenden Druckbelastungen werden dadurch entscheidend verringert.

## Atemübungen

Die zunehmende Vorneigung der Brustwirbelsäule führt zu einer Beeinträchtigung des Atmens. Atemübungen verbessern die Beweglichkeit des Brustkorbes und verstärken das Bewußtsein für eine vertiefte Rippen-, Bauch- und Rückenatmung (ab Seite 86).

Die verbesserte Sauerstoffversorgung und die durch Bewegung erhöhte Durchblutung tragen spürbar zu einer Steigerung Ihres Wohlbefindens bei.

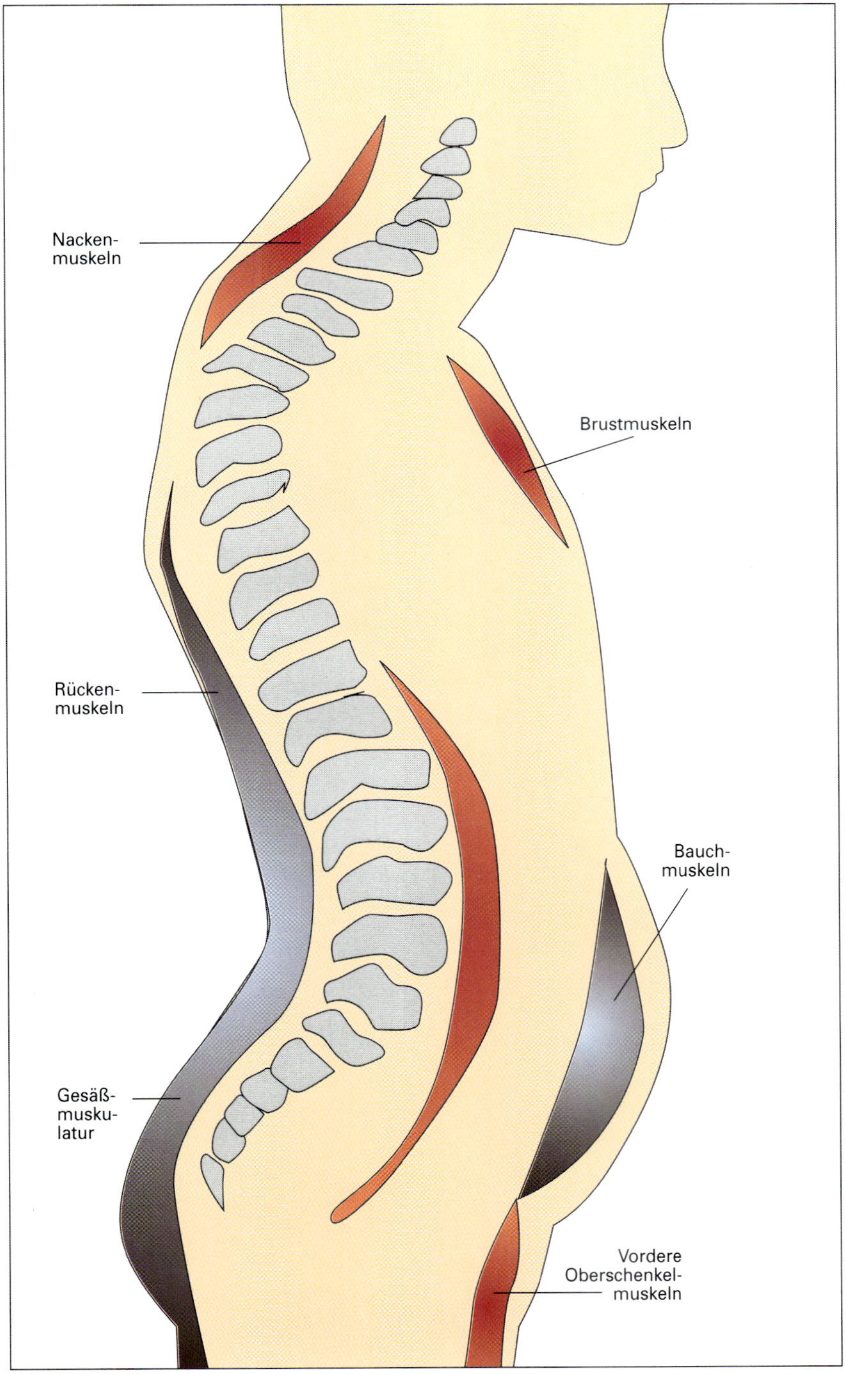


*Fehlende körperliche Aktivität wirkt sich auf die Muskeln aus: Die rot eingezeichneten Muskeln neigen zur Schwäche, die blau eingezeichneten zur Verkürzung.*

## Allgemeine Regeln

- Lesen Sie die Bewegungsanweisungen genau durch, bevor Sie mit dem Üben beginnen.

- Probieren Sie alle Übungen aus und entscheiden Sie sich für diejenigen, die Ihnen gut tun.

- Einige Übungen strengen sicherlich an. Gönnen Sie sich deshalb immer wieder eine Pause. Weniger ist manchmal mehr!

- Die Übungen dürfen keine »neuen« Schmerzen verursachen. Ganz wichtig: Üben Sie nur in den Ausgangsstellungen, die Sie problemlos einnehmen können.

- Am besten üben Sie auf einer Matte oder Decke auf dem Boden. Seien Sie beim Hinlegen vorsichtig. Vielleicht ist es für Sie angenehmer, ein Kissen unter Kopf oder Lendenwirbelsäule zu legen.

- Überfordern Sie sich nicht! Achten Sie auf die angegebenen Anspannungs- und Pausenzeiten sowie auf die Wiederholungszahl.

- Ein gutes Maß zur Steuerung der Belastung ist die Atmung. Wird sie schnell und hektisch, dann war die Belastung zu hoch. Ist sie ruhig und langsam, können Sie sich vielleicht noch ein bißchen steigern.

- Vermeiden Sie vor allem bei isometrischen Übungen eine Preßatmung. Sollten Sie Schwierigkeiten mit Ihrer Atmung haben, zählen Sie laut vor sich hin.

- Üben Sie regelmäßig!

- Lassen Sie sich am besten von einem Bewegungstherapeuten zeigen, welche Gymnastikübungen für Sie sinnvoll sind.

# Übungsprogramm

Die folgenden Übungen dienen der Mobilisierung der Wirbelsäule. Es sind Bewegungen mit einem relativ geringen Bewegungsausschlag, die dazu beitragen können, Verspannungen der Rückenmuskulatur zu lösen und die Beweglichkeit der Wirbelsäule zu erhalten. Machen Sie jede Übung etwa zehnmal zu jeder Seite – aber nur, wenn keine Schmerzen dabei auftreten.

## Übungen im Stehen

Stellen Sie sich aufrecht hin. Die Füße stehen etwa hüftbreit auseinander, die Fußspitzen zeigen leicht nach außen. Beugen Sie die Kniegelenke leicht und stützen Sie sich mit den Händen auf den Oberschenkeln ab. Strecken Sie den Rücken, indem Sie einen »Entenpopo« machen (Foto 1).

Beugen Sie aus vorgenannter Stellung heraus langsam den Rücken und machen Sie einen »Katzenbuckel« (Foto 2). Stützen Sie sich weiterhin mit den Händen auf den Oberschenkeln ab, die Füße hüftbreit auseinander. Wechseln Sie nun langsam zwischen den beiden Positionen hin und her.

*1. Den Rücken strecken und einen »Entenpopo« machen.*

*2. Dann den Rücken zu einem »Katzenbuckel« beugen.*

Gehen Sie wieder in den aufrechten Stand, und stützen Sie die Hände in die Seite. Drehen Sie nun den Oberkörper leicht nach rechts und dann nach links (Fotos 3 und 4). Die Füße bleiben fest stehen.

Hinweis: Sie können diese Übung öfters wiederholen, zum Beispiel zehnmal rechts, zehnmal links, eine kleine Pause einlegen und noch einmal wiederholen.

## Übungen im Sitzen

Setzen Sie sich aufrecht auf einen Stuhl. Die Füße stehen hüftbreit auseinander, die Fußspitzen zeigen leicht nach außen. Richten Sie Ihre Wirbelsäule auf, indem Sie den Brustkorb heben und den Kopf zur Decke strecken. Stützen Sie die Hände in die Seite, und heben Sie abwechselnd die linke und rechte Seite des Brustkorbes an (Fotos 5 und 6). Die jeweilige Hand wandert durch diese Bewegung leicht nach oben. Achten Sie darauf, nicht die Schultern hochzuziehen, sondern die entsprechende Brustkorbseite anzuheben.

Setzen Sie sich wieder aufrecht auf einen Stuhl, und stützen Sie

*3. Im Stand den Oberkörper leicht nach rechts drehen.*

*4. Dann nach links drehen. Die Füße bleiben fest stehen.*

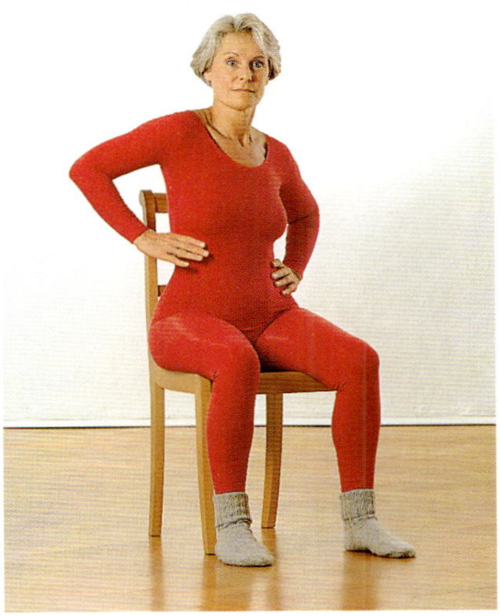

*5. Abwechselnd die linke und die rechte Seite des Brustkorbs anheben.*

*6. Durch die Bewegung wandert die jeweilige Hand leicht nach oben.*

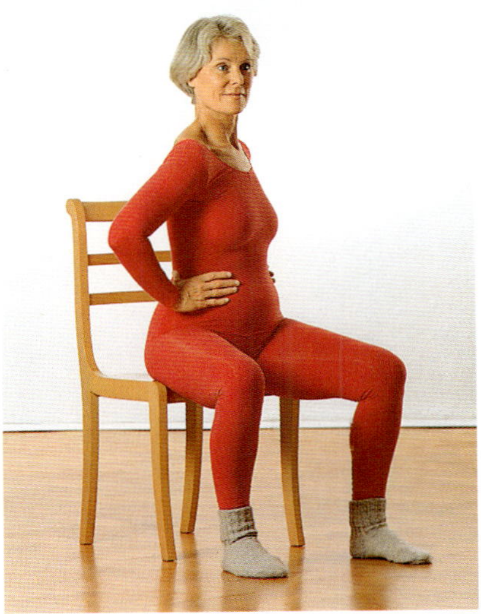

*7. Den Oberkörper abwechselnd nach links und nach rechts drehen.*

*8. Dabei darauf achten, daß die Sitzhaltung weiterhin aufrecht ist.*

die Hände in die Seite. Drehen Sie nun – ähnlich wie im Stehen – den Oberkörper abwechselnd nach rechts und nach links, ohne die aufrechte Sitzhaltung zu verlassen (Foto 7 und 8).

**Übungen am Boden**

Gehen Sie in den Vierfüßlerstand, und stützen Sie sich auf den Händen und Knien ab. Achten Sie darauf, daß die Kniegelenke unter den Hüftgelenken und die Hände direkt unter den Schultern sind. Beugen Sie leicht die Arme, und strecken Sie den Rücken (Foto 9). Beugen Sie auch hier – ähnlich wie im Stehen – die Wirbelsäule, und machen Sie einen Katzenbuckel (Foto 10). Wechseln Sie zwischen beiden Ausgangsstellungen hin und her. Achten Sie darauf, nicht ins Hohlkreuz zu gehen, sondern die Wirbelsäule nur so weit zu strecken, bis sie aufrecht ist.

Gehen Sie nun langsam aus dem Vierfüßlerstand über die Bauchlage in die Seitenlage. Beugen Sie die Beine leicht an, der Kopf liegt auf dem unteren Arm (Foto 11). Strecken Sie auch in der Seitenlage Ihre Wirbelsäule, indem Sie »die Brust schwellen wie ein Torero« (Foto 12). Beugen Sie anschließend wieder Ihre Wirbelsäule. Wechseln Sie auch hier immer wieder zwischen beiden Positionen hin und her.

Rollen Sie langsam von der Seiten- in die Rückenlage. Legen Sie Ihre Hände auf den Brustkorb und den Bauch (Foto 13). Strecken Sie Ihre Wirbelsäule. Die Hände wandern etwas auseinander (Foto 14). Beugen Sie nun langsam Ihre Wirbelsäule, die Hände bewegen sich aufeinander zu. Wechseln Sie auch hier zwischen beiden Stellungen hin und her. Bei dieser Übung spüren Sie einen »Tunnel« im Bereich der Lendenwirbelsäule, wenn die Wirbelsäule gestreckt ist. Beim Beugen der Wirbelsäule nähert sich die Lendenwirbelsäule dem Boden.

*9. Achten Sie darauf, beim Strecken kein Hohlkreuz zu machen.*

*10. Dann die Wirbelsäule zum Katzenbuckel beugen.*

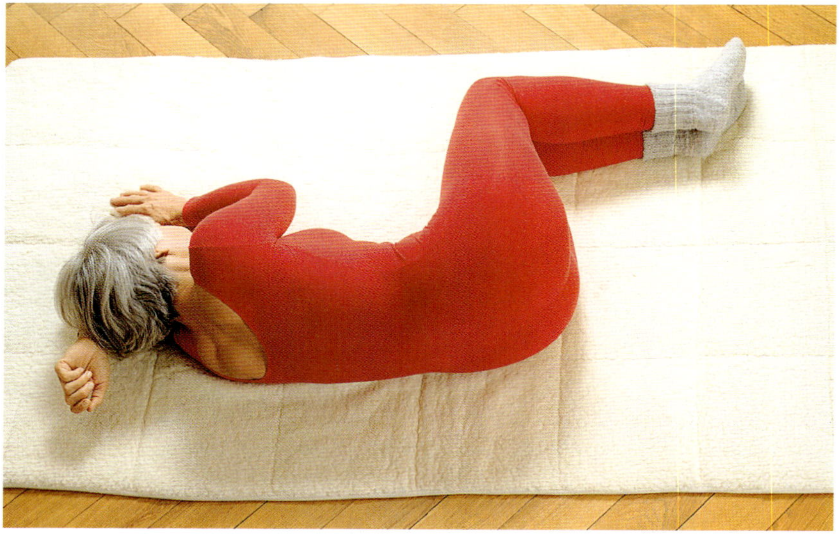

*11. Die Wirbelsäule ist in dieser Stellung leicht gebeugt.*

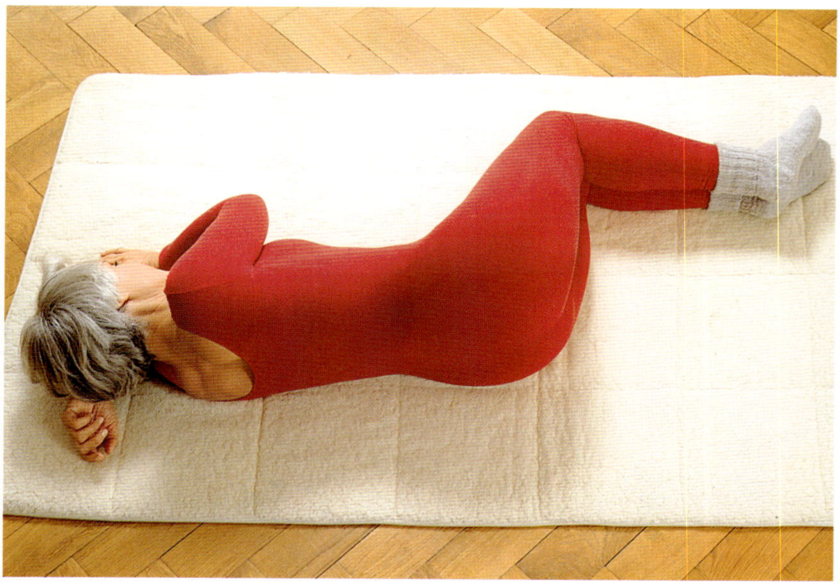

*12. Beim Strecken bewegt sich der Brustkorb nach vorn.*

*13. Bei gebeugter Wirbelsäule liegen die Hände beieinander.*

*14. Bei gestreckter Wirbelsäule wandern die Hände auseinander.*

# Bewegungstraining bei Altersosteoporose

## Bewegung gibt Sicherheit im Alter

Bei der Altersosteoporose ist in zunehmendem Maße auch der ursprünglich kompakte Knochen der Extremitäten betroffen. Gleichzeitig neigen ältere Menschen dazu, häufig zu stürzen – ein besonderes Risiko. Bei der Altersosteoporose, das heißt jenseits des 70. Lebensjahres, bestimmen weniger die Knochendichte als vielmehr die Sturzhäufigkeit und das Sturzverhalten ganz entscheidend das Risiko eines Knochenbruches. Die Angst zu stürzen führt gleichzeitig dazu, weniger aktiv zu sein, weniger zu unternehmen. Dadurch werden wiederum Erkrankungen, die durch Bewegungsmangel bedingt sind, wie zum Beispiel die Osteoporose, gefördert.

Mit zunehmendem Alter ist die Bedeutung von Bewegung nicht nur in einer günstigen Gestaltung der Knochenbilanz zu sehen, sondern auch als »Anti-Sturz-Training« mit dem Ziel einer Verbesserung der Bewegungssicherheit.

### Häufigste Sturzursachen

- Sehstörungen
- Einnahme von Schlafmitteln
- Zustand nach einem Schlaganfall
- Schwindelattacken durch Herz-Kreislauf-Störungen
- Einnahme von Schlafmitteln
- Funktionseinschränkung der Beine

## Herz, Kreislauf und Atmung

Ein regelmäßiges körperliches Training, zum Beispiel in Form von Gehen oder Wandern, verbessert die Funktion von Herz, Kreislauf und Atmung. Die verbesserte Durchblutung kann mit zu einer Verringerung der Schwindelattacken führen. Auf diese Art und Weise kommt es auch zu weniger Stürzen.

## Übungen für Körperwahrnehmung und Bewegungskontrolle

In Muskeln und Gelenken gibt es spezielle Rezeptoren, die dem Gehirn ständig die Gleichgewichtslage des Körpers und die Spannungszustände der Muskulatur mitteilen. Durch ein spezielles Bewegungstraining kann die Wahrnehmungsfähigkeit des Bewegungssinnes intensiviert werden. Die Übungen verbessern die Koordination, schulen das Gleichgewicht (zum Beispiel Balancieren in vielfältigen Variationen) und erhöhen das Reaktionsvermögen. Bis ins hohe Alter wird Ihnen dadurch ermöglicht, auf unerwartete Situationen angemessen, das heißt unter Einhaltung des »körpereigenen Gleichgewichts«, zu reagieren.

In diesem Zusammenhang sehr zu empfehlen ist zum Beispiel Tai Chi, eine besondere Form asiatischer Bewegungskultur, oft auch als Schattenboxen bezeichnet. Durch Tai Chi wird die Körperwahrnehmung und Bewegungskontrolle verbessert. Es handelt sich um ruhige und kontrollierte Bewegungsabläufe. Tai Chi kann zum Beispiel durch Volkshochschulkurse erlernt werden.

Auch das Tanzen ist in idealer Weise geeignet, Gleichgewicht, Orientierung und Koordination – praktisch unbewußt – zu trainieren. Darüber hinaus unterstützt die Musik das Bewegen, vermittelt Freude und sorgt für soziale Kontakte.

Sportler ernähren sich in der Regel kalziumreicher als Nichtsportler. Dies läßt den Schluß zu, daß sich körperlich und sportlich aktive Menschen bewußter um ihre Ernährung kümmern als inaktive Menschen. Sicherlich sind die günstige Beeinflussung der Knochendichte, die Kräftigung der Muskulatur, die erhöhte Leistungsfähigkeit von Herz, Kreislauf und Atmung sowie die verbesserte Koordinationsfähigkeit für die Vorbeugung von Brüchen und Stürzen ganz entscheidende Faktoren.

### Auch die Psyche profitiert

Bewegung wirkt sich in vielen Lebensbereichen positiv aus – sie trägt zu einem gesundheitsorientierten Lebensstil bei und fördert nicht zuletzt Selbstbewußtsein und Selbstsicherheit. Das Gefühl, etwas für seinen Körper zu tun, verbessert meist auch die Laune. Es sind Beispiele bekannt, daß eine »optimistische und selbstbewußte Grundstimmung« das Entstehen und Fortschreiten von Krankheiten hinauszögern kann. Weitere Pluspunkte durch regelmäßige körperliche Aktivität sind im Kasten (Seite 112) zusammengefaßt

## Pluspunkte von Bewegung

- Das Krankheitsbild Osteoporose läßt sich durch körperliche Aktivität, Bewegung und Sport – allerdings nur nach intensivem und regelmäßigem Training – beeinflussen.

- Verbesserungen der Knochendichtebilanz durch körperliche Aktivität sind frühestens nach einem Jahr regelmäßigen Trainings zu erwarten.

- Entspannungsübungen in Verbindung mit ausgewählten Bewegungsübungen können den chronischen Osteoporose-Schmerz lindern helfen. Wenn man sich besser fühlt, wird dadurch auch die Motivation gefördert, neue Aktivitäten zu entwickeln.

- Erfolg beim Training, zum Beispiel das Bewältigen eines Gleichgewichtsparcours ohne Fehler, gibt Selbstvertrauen, baut Ängste ab und schenkt Sicherheit für den Alltag.

- Das tägliche Heimprogramm bringt Abwechslung in den Tagesablauf und bietet kurzzeitig die Möglichkeit, »etwas für sich selbst« zu tun.

- Gemeinsam in der Gruppe zu üben macht Leistungsfortschritte deutlich und bestätigt den Erfolg bisheriger Anstrengungen.

- Gerade im »zwanglosen Miteinander« ist man besonders motiviert, gezielt zu trainieren. Gleichzeitig erleichtert es die angenehme Atmosphäre während der wöchentlichen Bewegungsstunde, neue Freundschaften zu schließen und Unternehmungen außerhalb von Bewegung und Sport zu entwickeln.

- Bewegung heißt, selbst aktiv zu sein, »das Schicksal selbst in die Hand zu nehmen«. Bewegung fördert Selbstbewußtsein und Wohlbefinden.

# 9 Die Psyche

## Hilfen für die Seele

Die Osteoporose betrifft meist Menschen in der zweiten Lebenshälfte. Diese Phase ist zumeist geprägt durch nachhaltige Änderungen des Lebensstils: die Kinder verlassen das Haus, die Menopause setzt ein, Partnerschaften werden Zerreißproben ausgesetzt, Pensionierungen erfolgen, der Partner stirbt und der verwitwete Teil wird mit der Einsamkeit konfrontiert.

Es ist erwiesen, daß Frauen dieser Problematik besonders ausgesetzt sind. Die körperlichen Reaktionen darauf können eingreifend sein – bis hin zu Beeinträchtigungen des Immunsystems.

Auch die chronische Erkrankung Osteoporose kann unter dem Aspekt einer körperlichen Reaktion auf Trennung oder Verlust gesehen werden.

»Mein Rückgrat ist gebrochen«, »Auf mir liegen schwere Lasten«, »Das ging mir auf die Knochen« oder »Ich habe das Gefühl, mein Kreuz bricht« — solche Aussagen tauchen in Gesprächen mit Osteoporose-Patienten immer wieder auf. Es handelt sich dabei um alte Volksweisheiten, um tief verankertes Alltagswissen, das aber nur wenig mit chronischen Krankheiten in Verbindung gebracht wird.

## Was haben die Knochen mit der Psyche zu tun?

Psychologen bringen »seelische Einbrüche« und Knochenschwund durchaus in Zusammenhang. Entstehung und Fortschreiten der Osteoporose hängen vielfach mit schweren seelischen Konflikten zusammen. Letztere können sein: Dauerstreß mit der Schwiegermutter, fristlose Entlassung, Scheidung, Verlust des Haustieres als »Bezugsperson«, Zerwürfnis mit den Kindern und viele andere.

### Was kann getan werden ?

Eine Abkehr vom Risikoverhalten wird erreicht, wenn
- klar ist, daß gesundheitsschädliches Verhalten vorliegt,
- Informationen gesammelt wurden, wie das Verhalten geändert werden kann,
- in absehbarer Zeit die Verhaltensänderung zu Erfolgen führt,
- eine angemessene Wertschätzung der eigenen Person vorliegt.

Die Daueranspannung kann sicher zum Beginn sowie zum Fortschreiten der Osteoporose beitragen.

## Was bedeutet Psychosomatik?

Unter Psychosomatik verstehen wir die Lehre von der Bedeutung seelischer Vorgänge für die Entstehung und den Verlauf von körperlichen Erkrankungen, ohne Beschränkung auf bestimmte Krankheiten. Wissenschaftlich nachgewiesen ist der psychosomatische Zusammenhang bei Asthma, arteriellem Bluthochdruck oder bei Magen-Darmgeschwüren.

Die Wechselwirkung zwischen Körper und Seele ohne konkretes Krankheitsbild besteht auch im Alltag: Wir bekommen bei Aufregung Durchfall oder Schweißausbrüche und erröten bei einer Blamage. Werden allerdings Gefühle wie Trauer, Angst oder Ärger für längere Zeit unterdrückt, können chronische Krankheiten die Folge sein. Betroffene Schwachstellen können hier auch die Knochen sein.

## Reaktionen auf die Umwelt

Psychosomatische Störungen können Reaktionen des Menschen auf die gesamte psychosoziale Umwelt sein – zum Beispiel Auswirkungen von Arbeitsbedingungen wie Schichtarbeit, Dauerkonflikte in der Familie oder aber Folgen von Ängsten und Depressionen. Deshalb ist in der Medizin eine ganzheitliche Herangehensweise gewünscht, die auch die psychosoziale Lebenssituation der Patienten berücksichtigt.

## Seelische Konflikte fördern Risikoverhalten

Es ist bekannt, daß die seelische Verfassung und die soziale Umwelt den Konsum von »Genußmitteln« wie Alkohol und Nikotin sowie die Eßgewohnheiten wesentlich leiten. Menschen mit schweren seelischen Konflikten neigen wesentlich häufiger zu gesundheitlichem Risikoverhalten und sind nur in Ausnahmefällen motiviert, ihr gesundheitsschädliches Verhalten zu ändern.

## Mögliche Folge: Bewegungsmangel

Starke seelische Probleme und Gefühle, die nicht verarbeitet und ausgelebt werden können, führen vielfach zum Rückzug und zur Isolierung. Die Folge: Soziale Aktivitäten und körperliche Bewegung werden eingeschränkt.

Wichtig ist, ebenso wie bei den allgemeinen Risikofaktoren, der Antrieb zur Verhaltensänderung. Bewegung soll Spaß machen, und die eventuelle Scham, sich vor anderen in der Bewegungsgruppe blamieren zu können, sollte überwunden werden. Ängste, wie zum Beispiel sich nicht im Badeanzug zeigen zu mögen, weil man sich für zu dick oder unattraktiv hält, führen zur Isolation und können über den Bewegungsmangel durchaus bei der Entstehung einer Osteoporose beitragen.

## Einfluß auf den Stoffwechsel

In der Regel verursachen die Gefühlsreaktionen Angst, Verzweiflung oder Wut körperliche Reaktionen wie
- eine Erhöhung der Zucker- und Fettkonzentration im Blut,
- eine Funktionsminderung im Magen-Darm-Kanal,
- die Schwächung der Infektabwehr (mit der möglichen Folge einer Immunschwäche),
- die Steigerung der Herzfrequenz,
- einen Anstieg des Blutdrucks.

Diese hohe Belastung kann sich, vor allem bei psychischem Dauerstreß, erheblich auf die Gesundheit auswirken und den Stoffwechsel negativ beeinflussen. Dabei kann

## Osteoporose als psychische Belastung

auch der Transport von Kalzium in den Knochen in Mitleidenschaft gezogen sein. Irgendwann sind dann auch die zuständigen Hormone und noch vorhandenen Kalziumvorräte nicht mehr in der Lage, den Mangel auszugleichen.

Ein wichtiger Aspekt bei der Streßreaktion ist die Ausschüttung des Hormons Kortison. Es ist als sogenannter »Kalzium-Killer« (Seite 39) bekannt und kann langfristig die Knochenstruktur angreifen. Auch auf diesem Weg ist also das Fördern einer Osteoporose-Entstehung denkbar.

### Schlafstörungen

Viele Osteoporose-Patienten klagen über Schlafstörungen aufgrund hoher seelischer Belastungen. In diesem Zusammenhang müssen Sie bedenken, daß Stoffwechselprozesse vor allem in Ruhephasen vonstatten gehen. Deshalb können Störungen der Ruhephasen den Stoffwechsel nachhaltig beeinflussen. Dauerhafte Durch- und Einschlafstörungen können unter anderem auch Auswirkungen auf wichtige Stoffwechselprozesse haben.

Abgesehen von den Belastungen aufgrund der Beschwerden, die mit dieser Erkrankung direkt in Verbindung stehen, bedeutet allein die Auseinandersetzung mit der Diagnose und den Vorstellungen über den Verlauf der Erkrankung eine große Last. Die Betroffenen fühlen sich aus der Lebensbahn geworfen und sind oft von den unterschiedlichsten Ängsten und von Schlafstörungen geplagt.

### Angst vor dem Rollstuhl

Um negative Vorstellungen und Ängste über das Fortschreiten der Erkrankung zu verhindern, ist es wichtig, daß Sie sich sachgemäß informieren.

Das Wissen, daß bei einer strikten Einnahme der entsprechenden Medikamente, einer angemessenen Ernährung und regelmäßiger Durchführung der Bewegungsprogramme in vielen Fällen dem Fortschreiten der Erkrankung Einhalt geboten werden kann, vermittelt dem Betroffenen ein beruhigendes Gefühl und nimmt ihm die Angst, irgendwann im Rollstuhl zu sitzen.

### Angst vor der Einsamkeit

Viele ältere Menschen leiden unter der Einsamkeit und dem Gefühl,

*Ein neues Hobby, das Spaß macht, trägt auch dazu bei, das Selbstwertgefühl zu steigern.*

an den Rand gedrängt und nicht mehr beachtet zu werden. Die Angst, die Mobilität zu verlieren und dann noch weniger das Leben nach den eigenen Wünschen gestalten zu können beziehungsweise abhängig von den »Launen der Pfleger« zu werden, sind erklärliche Befürchtungen.

Der einzige Ausweg für allein lebende ältere Osteoporose-Patienten ist die Selbsthilfe. Das bedeutet: Kontakte zu Selbsthilfeorganisationen (Seite 89) aufzunehmen, soviel wie möglich gemeinsam zu unternehmen und Freundschaften zu schließen. Ebenfalls Betroffene, die ausreichend mobil sind, sollten sich regelmäßig – vielleicht zu Hause – treffen, miteinander reden und es sich gemütlich machen. Vielleicht können Sie auch mit jemandem zusammenziehen und sich den »Alltag« teilen.

## Depressionen

Eine chronische Krankheit wie Osteoporose, mit der man dauerhaft konfrontiert ist, kann zu depressiver Verstimmung führen. Betroffen davon sind vor allem Menschen, die es gewohnt sind, alles in den Griff zu bekommen und nun auf einmal spüren, daß trotz größter Anstrengungen die Beschwerden bestehen bleiben. Dies kann dazu führen, daß sich Betroffene ausgeliefert und hilflos fühlen. Über einen längeren Zeitraum kann sich aus diesem Zustand eine Depression entwickeln. Zu erleben, daß es Bereiche gibt, die stark beeinträchtigen, aber nicht zu ändern sind, kann extrem verletzen.

Wichtig ist dann, eine Gelassenheit zu entwickeln und zu lernen, sich mit der Krankheit zu arrangieren. Hilfreich dabei sind Entspannungsverfahren wie zum Beispiel Autogenes Training oder Progressive Muskelentspannung. Bei schweren, durch die Krankheit hervorgerufenen Depressionen ist eine Psychotherapie zu empfehlen.

## Eingriff in die Erwerbsfähigkeit

Die Vorstellung, frühzeitig und abrupt wegen der Krankheit aus dem Arbeitsleben ausscheiden zu müssen, ist für viele Patienten nur sehr schwer zu ertragen. In Gesprächen mit älteren Leuten wird immer wieder deutlich, wie schrecklich es für sie ist, abgeschoben und nicht mehr gebraucht zu werden – nachdem man sich über viele Jahre für die Firma verausgabt hatte und dann wirklich

*Werden Sie aktiv, zum Beispiel gemeinsam mit anderen Betroffenen.*

nicht mehr so schnell arbeiten kann wie früher.

In vielen Fällen führt dies auch zu Minderwertigkeitsgefühlen und Depressionen. Positive Einstellungsänderungen gehen in die Richtung, das Selbstwertgefühl von der Anerkennung am Arbeitsplatz loszulösen und sich mehr auf Aufgaben zu konzentrieren, die eine Selbstwertstärkung zur Folge haben. Das wären zum Beispiel neue Hobbys, ehrenamtliche Tätigkeiten, soziale Dienste oder auch leichte Erwerbstätigkeiten bei Berufsunfähigkeit.

Günstig wäre natürlich, sich rechtzeitig neue Lebensaufgaben zu suchen, die eine Befriedigung bringen und vom Gesundheitszustand her noch möglich sind. Die Umstrukturierung auf neue Lebensziele und Bereiche, die das Leben noch lebenswert machen, ist eine der zentralen Aufgaben beim Erlernen des Umgangs mit der Erkrankung.

## Lebensqualität und neue Ziele

Die Quellen der Lebensfreude und -zufriedenheit – Gesundheit, Familie, Freunde, Arbeit, Finanzen, Freizeitspaß – sind bei allen Menschen identisch. Einen feinen Unterschied gibt es: Wir haben alle eine andere Gewichtung! Für viele ist zum Beispiel die Erfüllung im Berufsleben das »Non plus ultra«, andere wollen schnell viel Geld verdienen und bei wiederum anderen hat die Familie den höchsten Rang.

Viele Menschen richten ihr Streben danach aus, in allen Bereichen

»top« zu sein, obwohl dies kaum möglich ist. Wer sich überdurchschnittlich in der Arbeit engagiert und auch Erfolg hat, erlebt dadurch eine hohe Befriedigung. Der Zeit- und Energieaufwand geht dann auf Kosten von Hobbys, oder die Familie leidet darunter.

Deshalb ist es wichtig, Prioritäten zu setzen. Für viele Osteoporose-Patienten sind körperliche Aktivitäten Quellen der Lebensfreude. Vor allem jüngeren Patienten ist das Gefühl wichtig, neue sportliche Leistungsziele anzusteuern. In diesen Fällen ist es notwendig, neue Quellen zu finden. Allerdings sollten Sie versuchen, nicht zu sehr auf die rein körperlichen Freuden zu setzen. Aus geistig-musischen Gebieten, wie Musik hören, Bücher lesen oder die Natur betrachten, läßt sich ebenso Lebenskraft schöpfen.

## Leben lernen mit der Krankheit

- Informieren Sie sich optimal über die Krankheit Osteoporose, auch im persönlichen Krankheitsverlauf. Ansprechpartner sind ärztliche Fachkräfte und andere Betroffene, auch das Kuratorium Knochengesundheit (Seite 148). Besorgen Sie sich Fachliteratur.
- Suchen Sie sich eine Umgebung, in der Sie sich entlasten und über bedrückende Gefühle sprechen können, zum Beispiel gute Freunde, Lebenspartner, Selbsthilfegruppen und Therapeuten.
- Arrangieren Sie sich aktiv mit der Erkrankung. Dazu gehört angemessene Ernährung, regelmäßige Einnahme der empfohlenen Medikamente und die regelmäßige Bewegungstherapie, möglichst in einer Selbsthilfegruppe.
- Entspannen Sie sich jeden Tag, und lernen Sie Gelassenheit. Die positive Grundeinstellung zum Leben erhalten Sie auch durch Autogenes Training, Meditation oder Hobbys.
- Bei schweren seelischen Krisen, Ängsten oder Depressionen finden Sie kompetente Hilfe in psychotherapeutischen Gruppen oder in Einzeltherapie. Halten Sie Rücksprache mit Ihrem behandelnden Arzt.

# 10

# Tips für den Alltag

## Leben mit Blick auf die Knochen

Erkrankungen des Alters – zu ihnen zählt die Osteoporose bei einer großen Zahl der Patienten – werden meist geduldig ertragen. Aber es muß nicht sein, daß die zweite Hälfte des Lebens geprägt ist von Schmerz und Leid. Wer entsprechende Vorsorge trifft und Gefahrenquellen aus dem Weg geht, wird keine Einbußen an Lebensfreude erfahren.

Osteoporose-Kranke kennen meist ihre Einschränkungen und sollten alles versuchen, um ihre Freiheiten zu behalten. Dazu gehört, auf die Ernährung (Seite 51) und die körperliche Aktivität (Seite 60) zu achten – aber auch, die Gefahr von Knochenbrüchen zu mindern. Stürze spielen als Ursache von Brüchen die größte Rolle. Daher gilt: Beugen Sie vor und beseitigen Sie Stolperfallen – denn meist geht einem Sturz das Stolpern voraus. Sicherheit geht vor, in der Wohnung, speziell bei der Hausarbeit, beim Einkaufen und beim Reisen. Angst ist immer ein schlechter Lehrmeister. Besser, Sie treffen in der Praxis alle notwendigen Vorkehrungen. Um mögliche Stolperfallen aufzuspüren, sind der große »Sicherheits-Test« ab Seite 128 sowie die Checkliste in der vorderen Buchklappe hilfreich.

# Exkurs: Stürze im Alter

## Knochenbruchrisiko

Die Entstehung einer manifesten Osteoporose, die durch bereits vorhandene Knochenbrüche gekennzeichnet ist, wird nicht nur durch die Veränderungen im Knochen selbst, sondern auch durch knochenunabhängige, sogenannte äußere Faktoren begünstigt. Diese Faktoren dürfen bei Vorbeugung und Behandlung der Osteoporose nicht außer acht gelassen werden.

Zu diesen äußeren Faktoren gehören Stürze, die als Auslöser von Knochenbrüchen die größte Rolle spielen. Daher ist die Erforschung der Sturzursachen die Voraussetzung, um Stürzen und damit auch Knochenbrüchen vorbeugen zu können. Der Zusammenhang zwischen Stürzen und Knochen-

### Aussagen zu möglichen Sturzursachen

Die folgenden Aussagen von älteren Patienten, die bei einem Sturz einen Knochenbruch erlitten haben, zeigen, welche Umstände zum Sturz und zum Knochenbruch führen können:

- Die alte Brille tat es doch immer noch – die letzte Treppenstufe habe ich aber nicht gesehen (→ nachlassende Sehkraft).
- Die bequemsten Schuhe, meine Pantoffeln, sind wohl doch nicht so sicher (→ Stolperfalle).
- Diese Teppichecke steht immer wieder hoch (→ Stolperfalle).
- Der blankgeputzte, gewachste Boden ist schön – aber doch zu glatt (→ Rutschgefahr).
- Das Höckerchen war schneller zur Hand als die stabile Leiter (→ Gleichgewichtsproblem).
- Mit diesen Türschwellen hatte ich doch früher keine Probleme (→ Stolperfalle).
- Auf dem Weg zur Toilette wurde mir nachts ganz schwindelig. Ob es an meinen Medikament liegt? (→ Schwindel, Medikamente).
- Ich habe den Radfahrer wirklich nicht gehört (→ Hörprobleme).

Diese Liste ist sicher noch beliebig fortzuführen, und Sie sollten sich Gedanken machen, ob Sie nicht auch zu den Sturzgefährdeten zählen.

brüchen ist am besten für Oberschenkelhalsbrüche belegt: Sie entstehen in über 90 Prozent der Fälle in Zusammenhang mit einem Sturz. Zahlreiche Untersuchungen zeigen, daß Schenkelhalsbrüche in den letzten 40 Jahren um etwa das Zehnfache zugenommen haben. Dies wird nicht nur auf den steigenden Anteil älterer Menschen an der Gesamtbevölkerung zurückgeführt.

Obwohl fast jeder Schenkelhalsbruch Folge eines Sturzes ist, führt nicht jeder Sturz zum Bruch: Etwa 30 Prozent der über 65jährigen stürzen mindestens einmal im Jahr, die Häufigkeit steigt mit dem Lebensalter deutlich an. Dabei verursachen etwa fünf bis zehn Prozent der Stürze einen Oberschenkelhalsbruch. Diese Zahlen zeigen, daß neben dem Sturz an sich weitere Umstände einen Einfluß darauf haben, ob ein Knochen bricht: Zum Beispiel wie der einzelne auf den Sturz reagiert, ob er auf Beton oder Teppich stürzt, wie stabil seine Knochen sind.

## Was zum Sturz führen kann

Unter einem Sturz verstehen die Mediziner ein Ereignis, das dazu führt, daß eine Person unfreiwillig aus dem Stehen oder einer anderen erhöhten Position (Sitzen, Bett) zum Liegen auf den Boden kommt. Bei den Ursachen, die einen Sturz begünstigen, wird zwischen inneren Risikofaktoren (direkt vom Betroffenen abhängig wie Körperstatur, Gesundheitszustand, allgemeine Aktivität) und äußeren Risikofaktoren (die in der direkten Umgebung des Betroffenen liegen und einen Sturz begünstigen können) unterschieden.

## Innere Risikofaktoren

**Fast jeder Oberschenkelhalsbruch ist auch die Folge eines Sturzes**

Biographische Daten wie Alter, Größe und Gewicht zählen zu den inneren Risikofaktoren: Zum Beispiel haben Menschen, die über 80 Jahre alt sind, ein besonders hohes Risiko zu stürzen.

Durch Schwindelattacken, Gleichgewichtsstörungen und/oder kurzzeitigen Bewußtseinsverlust steigt das Sturz- und Knochenbruchrisiko erheblich. Vor allem Bewußtseinsverlust führt häufig zu Stürzen mit schweren Folgen wie Knochenbrüchen.

Die Ursachen von Schwindelanfällen sind meist Puls- und Blutdruckschwankungen. Extrem verlangsamter Puls kommt bei Herzerkrankungen, Schilddrüsenunterfunktion, aber auch als Nebenwirkung von Medikamenten (zum Beispiel von Herzmedikamenten) vor. Ohnmachtsanfälle können auch durch eine starke Drehung des Kopfes zur Seite ausgelöst werden, wenn dabei Druck auf eine bestimmte Region der Halsschlagader entsteht. Durchblutungsstörungen bis hin zum Schlaganfall können Schwindel und Bewußtseinsstörungen auslösen. Weitere Ursachen für Schwindel können Blutarmut, Blutzuckerentgleisungen oder Störungen des Wasser- und Salzhaushaltes sein.

**Wer körperlich fit ist, fällt nicht so leicht**

Einen Sturz begünstigen können auch Gehstörungen aufgrund verschiedener Ursachen: Alkoholgenuß oder Medikamenteneinnahme, Rheuma oder ein Schlaganfall beeinflussen oft die Gehfähigkeit.

Das Sturzrisiko wird wesentlich durch die allgemeine körperliche Leistungsfähigkeit (Fitneß) beeinflußt. Hierzu gehören sowohl das Ausmaß der körperlichen Aktivitäten (Sport, tägliche Verrichtungen) als auch eventuell bestehende Funktionseinschränkungen im täglichen Leben wie zum Beispiel Probleme beim Gehen, Treppensteigen, Stehen, Ankleiden.

Einige Medikamente können das Reaktionsvermögen oder die Kreislaufregulation beeinflussen und daher Stürze begünstigen. Hierzu gehören Schlafmittel, Psychopharmaka, Antidepressiva, blutdrucksenkende Medikamente, Diuretika (harntreibende Medikamente).

### Abbau von Stolperfallen

- Festes Schuhwerk tragen.
- Telefonkabel, Teppichecken, Schwellen und wackliges Mobiliar sichern.
- Seh- und Hörkraft mit der richtigen Brille oder einem Hörgerät verbessern.
- Meiden einer unnötigen Zufuhr von Schlaf- und Beruhigungstabletten.
- Optimierung der Blutdruckeinstellung.
- Kreislauftraining.

### Äußere Risikofaktoren

Eine ganze Reihe von äußeren Risikofaktoren können einen Sturz begünstigen. Diese sind zum einen personenbedingt wie das Tragen von falschem Schuhwerk (Pantoffeln, hohe Absätze) oder der Verzicht auf Gehhilfen. Zum anderen liegen Gefahren in der Wohnung oder im Wohnumfeld:

## Einflüsse, die einen Bruch vermeiden

- Orientierung des Sturzes: Hier ist die Richtung des Sturzes gemeint. Beim seitlichen Aufprall direkt auf den Schenkelhals lastet die gesamte Energie auf dem Schenkelhals. Dies erfolgt besonders bei Stürzen, die nicht oder nur gering nach vorne gerichtet sind.
- Schützende Reaktionen während des Sturzes: Hierzu gehören alle Versuche des Stürzenden, sich noch an Gegenständen oder Möbeln zu halten oder mit den Armen abzustützen.
- Lokale »Sturzpolster«: Muskulatur und Fettgewebe am Oberschenkel wirken wie Polster und fangen die Energie beim Stürzen ab.

Besonders gefährdet für einen Knochenbruch sind daher sehr schlanke Personen.

- glatte, gewachste Fußböden
- Unebenheiten im Fußboden wie Schwellen
- Teppiche mit hochstehenden Kanten
- Stolperfallen: Kabel, herumliegende Gegenstände
- schlechte Beleuchtung
- fehlende Haltevorrichtungen
- unebene Straßen
- Glatteis.

Um potentielle Sturzgefahren aufzuspüren, sollten Sie von Zeit zu Zeit Ihre Wohnung und Ihr Umfeld einem »Sicherheits-Check« unterziehen. Eine Checkliste in Kurzform finden Sie in der vorderen Buchklappe, einen ausführlichen Fragebogen zu möglichen »Stolperfallen« ab Seite 128.

Von den äußeren Einflußfaktoren wurde in einer Untersuchung als Sturzursache vor allem das Ausrutschen angegeben. Die meisten Stürze finden nicht im Freien statt, sondern innerhalb der eigenen Wohnung beim normalen Gehen auf glatten Fußböden.

Stürze drohen auch beim nächtlichen Toilettengang, wenn vorher zum Einschlafen Schlaftabletten genommen wurden. Sie wirken noch, verursachen einen taumeligen Gang und lassen stürzen.

## Der Sturzablauf

Während die Risikofaktoren, die zum Sturz und damit auch häufig zum Knochenbruch führen, inzwischen gut erforscht sind, weiß man noch wenig über die Einflüsse, welche den Sturzablauf bestimmen. Da nur wenige Stürze Knochenbrüche zur Folge haben (Seite 123), muß der Mensch über Abwehrmechanismen verfügen, die ihn vor einem Bruch schützen. Zum Beispiel würde die Energie, die bei einem Fall aus aufrechter Position beim Aufprall auf der Hüfte entsteht, ausreichen, um den Schenkelhals eines Gesunden zu brechen – wenn er ohne schützende Abwehrmechanismen fallen würde.

Einige Dinge, die wesentlich den Ausgang des Sturzes beeinflussen, sind im Kasten auf Seite 125 zusammengefaßt. Kenntnisse darüber sind Voraussetzung, um besonders den risikoreichen Stürzen durch entsprechende Übungs- und Trainingsprogramme vorbeugen zu können.

## Fazit

Das Risiko, einen Knochenbruch zu erleiden, hängt von verschiedenen Faktoren ab: davon, wie hoch das Risiko ist zu stürzen, welche Parameter den Ablauf des Sturzes beeinflussen und von der Knochenstabilität. Daher reicht die Bestimmung des Knochenstatus im Alter allein nicht aus, um das

### Schutz vor Knochenbruch

Es gibt Hilfsmittel, die beim Sturz die mechanische Überbelastung der Oberschenkelhalsregion verhindern. Dafür werden sogenannte Protektoren aus Kunststoff in die Unterwäsche eingenäht. Sie sollen bei einem Sturz die bedrohte Region schützen, indem sie die Wucht des Aufpralls abfedern und die auftretenden Kräfte verteilen. Wissenschaftliche Untersuchungen haben ergeben, daß diese Protektoren wirksam vor einem Oberschenkelhalsbruch schützen können. Fragen Sie Ihren Arzt danach.

*Stolperfalle: Vorsicht ist auch geboten, wenn Sie große Hunde ausführen.*

Risiko für einen Knochenbruch abzuschätzen.

Für die Vorbeugung von Knochenbrüchen bedeutet dies, die in diesem Kapitel beschriebenen nicht knochenabhängigen Faktoren, die das Bruchrisiko beeinflussen, auszuschalten: die inneren und äußeren Risikofaktoren für Stürze zu beseitigen oder zu verringern, und die körperliche Fitneß zu verbessern. Denn wer beweglich ist, kann Sturzablauf und auch Sturzfolgen positiv beeinflussen.

## Abbau von Stolperfallen

»Wer oft stolpert, fällt auch oft!« Das ist kein Sprichwort aus Großmutters Zeiten, sondern bittere Erfahrung. Sturz aus heiterem Himmel, hilfloses Fallen, hartes Aufprallen auf den Fußboden – Knochenbrüche durch einen unglücklichen Sturz häufen sich mit zunehmendem Alter. Dies ist inzwischen wissenschaftlich durch verschiedene Untersuchungen belegt.

Je häufiger man fällt, desto bedrohter sind die Knochen. In der Regel geht dem Sturz das Stolpern voraus. Ursache sind die versteckten Stolpersteine in den Wohnungen, die Treppen und Türschwellen, glatte Fliesen im Badezimmer und lose Teppichränder.

Besonders bedroht sind Menschen, denen wegen Kreislauferkrankungen häufiger schwindelig wird. Den Kreislauf behandeln die Ärzte. Stolpersteine müssen Sie selbst beseitigen. Bedrohung entsteht durch Schlafmittelkonsum, hier sind in der Regel Einschränkungen möglich.

# Sicherheits-Checkliste »Sturzrisiko«

Um das Risiko zu stolpern oder zu stürzen so gering wie möglich zu halten, ist es ratsam, von Zeit zu Zeit Wohnung, Wohnumfeld sowie persönliches Verhalten einem »Sicherheits-Check« zu unterziehen. Mit dieser Liste können Sie mögliche Gefahrenquellen aufspüren und entsprechende Vorsichtsmaßnahmen ergreifen. Wenn Fragen nicht zutreffen – zum Beispiel, weil Sie keinen Garten haben –, bitte überspringen Sie die Fragen. Falls Sie mehr als 15 Fragen mit »nein« beantwortet haben, gehören Sie zu den Menschen mit erhöhtem Sturzrisiko. Sorgen Sie dafür, so viele Stolperfallen wie möglich zu beseitigen!

Befinden sich alle Lichtschalter in Türnähe? ❑ ja ❑ nein

Können Sie vom Bett aus das Licht einschalten? ❑ ja ❑ nein

Wird Ihre ganze Wohnung hell ausgeleuchtet? ❑ ja ❑ nein

Sind alle Treppen im Haus gut beleuchtet? ❑ ja ❑ nein

Sind Lichtschalter jeweils am oberen und unteren Ende der Treppe? ❑ ja ❑ nein

Ist der Zugang zum Haus automatisch beleuchtet? ❑ ja ❑ nein

Ist das Beleuchtungsintervall ausreichend lang? ❑ ja ❑ nein

Sind die Lichtschalter selbst beleuchtet? ❑ ja ❑ nein

Ist das Treppengeländer sicher befestigt? ❑ ja ❑ nein

Können Sie sich gut am Treppengeländer festhalten? ❑ ja ❑ nein

Spüren Sie, wenn Sie am Ende der Treppe ankommen? ❑ ja ❑ nein

Sind Ihre Treppenstufen in gutem Zustand? ❑ ja ❑ nein

Ist der Treppenboden rutschfest? ❑ ja ❑ nein

Ist der Treppenbereich frei zugänglich? ❑ ja ❑ nein

Haben die Stufen eine farblich abgesetzte Kante? ❑ ja ❑ nein

Ist die Stufenhöhe für Sie angenehm hoch? ❑ ja ❑ nein

Sind Teppiche und Läufer gut befestigt? ❑ ja ❑ nein

Ist die Haustür bequem zu öffnen? ❑ ja ❑ nein

Ist der Hauseingang schwellenfrei? ❑ ja ❑ nein

Sind Fußmatten und Roste in den Boden eingelassen? ❑ ja ❑ nein

Sind Ihre Teppiche frei von Stolperkanten? ❑ ja ❑ nein

Ist der Boden in Küche und Bad rutschfest? ❑ ja ❑ nein

Warten Sie nach dem Putzen, bis der Boden trocken ist? ❑ ja ❑ nein

Wischen Sie sofort auf, falls Sie etwas verschütten? ❑ ja ❑ nein

Sind alle Laufwege in Ihrer Wohnung frei von Hindernissen? ❑ ja ❑ nein

Sind alle Stromkabel fest verlegt? ❑ ja ❑ nein

Ist das Telefonkabel fest verlegt? ❑ ja ❑ nein

Sind Ihre Möbel fest arretiert? ❑ ja ❑ nein

Bietet Ihr Sitzmöbel genug Halt zum Aufstehen? ❑ ja ❑ nein

Ist Ihr Bett frei zugänglich? ❑ ja ❑ nein

Haben Sie eine rutschfeste Matte in Ihrer Badewanne oder Dusche? ❑ ja ❑ nein

Gibt es an der Wanne beziehungsweise Dusche einen Haltegriff? ❑ ja ❑ nein

Haben Sie einen rutschfesten Vorleger im Bad? ❑ ja ❑ nein

Sind Handtücher, Seife und sonstiges gut zu erreichen? ❑ ja ❑ nein

Haben Sie einen Brausekopf mit Schlauchverlängerung? ❑ ja ❑ nein

Hat Ihre Toilette eine bequeme Sitzhöhe? ❑ ja ❑ nein

Gibt es Haltegriffe, die die Toilettenbenutzung erleichtern? ❑ ja ❑ nein

Haben Sie genügend Bewegungsfreiheit im Bad? ❑ ja ❑ nein

Sind in der Küche alle Gegenstände leicht zu erreichen? ❑ ja ❑ nein

Sind die Wege vom Schrank zur Arbeitsfläche kurz? ❑ ja ❑ nein

Sind die Steckdosen leicht zugänglich? ❑ ja ❑ nein

Können Sie manche Tätigkeiten im Sitzen durchführen? ❑ ja ❑ nein

Räumen Sie Dinge, die im Weg liegen, gleich weg? ❑ ja ❑ nein

Verwenden Sie eine geprüfte und sichere Leiter? ❑ ja ❑ nein

Vermeiden Sie, auf den beiden obersten Stufen zu stehen? ❑ ja ❑ nein

Ist Ihre Leiter ausreichend hoch? ❑ ja ❑ nein

Nehmen Sie beim Fensterputzen Hilfe in Anspruch? ❑ ja ❑ nein

Sind Ihre Fenster bequem zu öffnen? ❑ ja ❑ nein

Werden Ihre Räume ausreichend belüftet? ❑ ja ❑ nein

Ist Ihr Telefon leicht zugänglich? ❑ ja ❑ nein

Sind Ihnen die Notrufnummern bekannt? ❑ ja ❑ nein

Hören Sie das Telefon in allen Räumen? ❑ ja ❑ nein

Kann Ihr Telefon Nummern speichern? ❑ ja ❑ nein

Ist der Weg vor Ihrem Haus einigermaßen eben? ❑ ja ❑ nein

Ist der Weg frei von Hindernissen? ❑ ja ❑ nein

Wird der Gehsteig regelmäßig geräumt? ❑ ja ❑ nein

Streuen Sie, sobald es glatt wird? ❑ ja ❑ nein

Haben Sie Fußabtreter vor den Türen? ❑ ja ❑ nein

Ist Ihr Garten frei von Löchern und anderen Stolperfallen? ❑ ja ❑ nein

Räumen Sie Gartengeräte gleich wieder auf? ❑ ja ❑ nein

Erreichen Sie die Geschäfte des täglichen Bedarfs wie Bäcker oder Metzger, ohne Hauptverkehrsstraßen überqueren zu müssen? ❑ ja ❑ nein

Sind wichtige Sraßenkreuzungen durch Ampeln geregelt? ❑ ja ❑ nein

Benutzen Sie Überwege, die durch Ampeln geregelt sind, auch wenn der Weg weiter ist? ❑ ja ❑ nein

Haben Ihre Schuhe rutschfeste Sohlen? ❑ ja ❑ nein

Haben Sie in Ihren Schuhen einen sicheren Halt? ❑ ja ❑ nein

Benutzen Sie feste Hausschuhe? ❑ ja ❑ nein

Vermeiden Sie, nur in Strümpfen zu gehen? ❑ ja ❑ nein

Tragen Sie Schuhe ohne Absätze? ❑ ja ❑ nein

Sind Sie immer auf der Hut vor unerwarteten Gefahren? ❑ ja ❑ nein

Halten Sie sich in unsicheren Situationen fest? ❑ ja ❑ nein

Bewegen Sie sich bedächtig, auch wenn die Zeit knapp ist? ❑ ja ❑ nein

Lassen Sie regelmäßig Ihre Brillenstärke überprüfen? ❑ ja ❑ nein

Lassen Sie regelmäßig Ihr Hörvermögen prüfen? ❑ ja ❑ nein

Lassen Sie regelmäßig Ihren Blutdruck messen? ❑ ja ❑ nein

Halten Sie sich in guter Verfassung mit vernünftigem Training? ❑ ja ❑ nein

Halten Sie sich in guter Verfassung mit adäquater Erholung und ausreichenden Pausen? ❑ ja ❑ nein

Halten Sie sich in guter Verfassung mit Diät? ❑ ja ❑ nein

Halten Sie sich in guter Verfassung mit regelmäßigen ärztlichen Kontrollen? ❑ ja ❑ nein

# Sich aufrecht halten

Die korrekte Haltung und richtige Bewegungen im Alltag sind nicht nur für Ihre Muskeln, Gelenke und Bandscheiben wichtig, sondern auch für Ihre Knochen. Besonders Osteoporose-Patienten sollten sich fragen, ob sie auch richtig stehen, sitzen, liegen, sich bücken, heben und tragen. Weil sie das zusätzliche Problem haben, daß sie durch Knochenbrüche oft in eine krumme Haltung gezwungen werden, ist es für sie besonders mühsam, eine einigermaßen aufrechte Haltung zu erreichen.

Dabei trägt die tägliche Haltung wesentlich dazu bei, ob und wie sich die Wirbelsäule im Lauf der Jahre verformt hat.

Eine »Rückenschule im Überblick« finden Sie im Kasten auf Seite 133.

## Schweres richtig tragen

Wenn es sich nicht vermeiden läßt, daß Sie Schweres tragen müssen, sollten Sie folgendes beachten: Halten Sie die Lasten immer nah am Körper. Wenn möglich die Last in mehrere »Portionen« aufteilen. Tragen Sie zum Beispiel je eine Einkaufstüte pro Arm, um das Gewicht auszugleichen.

## Erleichterung am Arbeitsplatz

Grundsätzlich ist es wichtig, beim Arbeiten immer genügend Platz zu haben. Alle Gegenstände des täglichen Gebrauchs sollten in unmittelbarer Reichweite untergebracht sein. Osteoporose-Patienten dürfen nie zu lange sitzen und stehen. Bei entsprechender Berufstätigkeit müssen Sie immer wieder Lockerungsübungen ausführen. Viele warten, bis es weh tut, weil sie ihre Haltung nicht ändern und ihre Knochen zu lange in ein und derselben Position belasten.

Das schädliche Bücken kann der Osteoporose-Geplagte vielfach vermeiden: Der Wäschekorb zum Beispiel kann auf einem Stuhl stehen. Nur wenn Sie fit genug in den Beinen sind, dann gehen Sie in die Knie.

## Tips für das Büro

Beim Sitzen am Bildschirm muß der Stuhl Ihrem Körper angepaßt sein. Bei aufrecht stehender Rückenlehne mit leichter Wölbung wird die Lendenwirbelsäule geschützt. Ihr Rücken soll immer von der Lehne gestützt werden! Das Geradesitzen ist einfacher, wenn die Sitzfläche leicht nach vorn gekippt ist. Sie sollten so hoch sitzen,

# Haltung bewahren

**Richtig stehen**

- Kopf in einer Linie mit Schultern und Becken,
- langgestreckter Nacken,
- keine hochgezogenen oder nach vorne fallenden Schultern
- leicht hohle Lendenwirbelsäule,
- nach vorne oben gestrecktes Brustbein,
- leicht gebeugte Knie und Hüften,
- beide Füße haben guten Bodenkontakt.

**Richtig sitzen**

- Aufrechte Oberkörperhaltung wie beim richtigen Stehen,
- leicht auseinanderstehende Knie,
- die Knie befinden sich über den Füßen,
- leicht nach vorne gekipptes Becken,
- die Füße stehen flach auf dem Boden,
- beide Sitzbeinknochen gleich belasten.

**Richtig liegen**

- Die Matratze soll die natürliche Körperform unterstützen
- waagerechter Nacken,
- in der Seitenlage das oben liegende Bein abbeugen und angewinkelt auf die Matratze legen,
- das untere Bein ist ausgestreckt,
- Bauchlage vermeiden.

**Richtig heben**

- Keine schweren Lasten heben,
- möglichst gerade Haltung der Wirbelsäule,
- Lendenwirbelsäule nicht nach hinten krümmen,
- kräftig angespannte Rumpfmuskeln,
- gebeugte Beine,
- breitbeiniger und stabiler Stand,
- das Gesäß ist nach hinten geschoben,
- die Knie sind leicht nach außen gedrückt,
- die Last möglichst nahe an den Körper bringen.

**Richtig bücken**

- Die Füße sind auseinander gestellt und fest auf dem Boden,
- ein Bein ist vorgestellt,
- immer zuerst heben und anschließend die Füße bewegen,
- möglichst gerade Haltung der Wirbelsäule.

daß Ihre Knie einen rechten Winkel bilden, und die Arbeitsfläche sollte auf einer Höhe sein, so daß die Ellenbogen knapp einen rechten Winkel bilden.

Auf Höhe Ihrer Augen und in der Mitte Ihres Blickfeldes steht der Bildschirm. Wenn Sie nicht oft genug am Tag Ihre Arbeit am Bildschirm unterbrechen können, um sich zu bewegen, dann hilft das Sitzen auf einem Gymnastikball. Er verhindert, daß man zu lange still sitzt.

### Tips für den Haushalt

In der Küche soll die Arbeitsfläche etwas niedriger als Ellbogenhöhe sein und möglichst nah an Ihrem Körper. Auch im Haushalt gilt: Vermeiden Sie langes Stehen auf einer Stelle! Das Schälen von Kartoffeln oder Gemüse geht auch im Sitzen.

### Rückengerechtes Bügeln und Staubsaugen

Das Bügelbrett muß so hoch eingestellt sein, daß Sie aufrecht stehen können. Die Knie sind leicht gebeugt, die Bewegungen erfolgen aus den Beinen. Halten Sie Ihren Oberkörper aufrecht! Machen Sie auch beim Bügeln häufiger eine aktive Bewegungspause. Zunächst sollten Sie nur einen Staubsauger mit Schlauch verwenden. Beim Staubsaugen gehen Sie in Schrittstellung und beugen leicht beide Knie. Der Rücken soll aufrecht bleiben. Die Bewegung erfolgt aus den Beinen durch Gewichtsverlagerung und mit kleinen Schritten. Gehen Sie beim Saugen unter niedrigen Möbelstücken einfach etwas mehr in die Knie oder knien Sie sich auf ein Bein. Drehen Sie sich immer mit Ihrem gesamten Körper zum Staubsauger hin!

### Wie man sich bettet, so liegt man

Matratzen können üble Schmerzverursacher sein. Lassen Sie sich unbedingt im Fachhandel beraten! Bedenken Sie auch, daß die teuerste Matratze nicht unbedingt die beste sein muß. Sie soll nicht zu weich und nicht zu hart sein. Vermeiden Sie die Stapeltechnik, und wählen Sie ein flaches Kopfkissen. In Rückenlage kann ein dreifach gefaltetes Handtuch unter dem oberen Anteil der Lendenwirbelsäule hilfreich sein. Das gilt im übrigen nicht nur für Menschen, die unter Osteoporose leiden!

## Die Ergotherapie bei Osteoporose

**Kleiderordnung**

- Keine engen Hosen!
- Keine engen Oberteile!
- Keine hohen Absätze!
- Nur feste und gut gepolsterte Schuhe!

### Kleidung und Anziehen

Osteoporose-Kranke sollen vermeiden, ihren Rumpf zu beugen. Heben Sie beim Strümpfe- und Schuheanziehen die Füße hoch zu Ihren Händen. Beim Anziehen ist ein sicherer Stand gewährleistet, wenn Sie sich im Stehen mit dem Rücken an die Wand lehnen. Im Sitzen kann man sich übrigens auch anziehen!

Diese junge Therapiedisziplin dient dazu, ein lebenswertes Leben trotz der Einschränkungen durch die chronische Erkrankung zu führen. Die Ergotherapie entwickelt Verfahren und Hilfsmittel, die den Betroffenen im Alltag bei der Meisterung alltäglicher Aufgaben unterstützen. Unter anderem hilft die Therapie, die Selbständigkeit im Berufsleben zu bewahren. Die Behandlung von Erkrankten mit fortgeschrittener Osteoporose bringt besonders erkennbaren Gewinn, wenn der Betroffene seine Selbständigkeit zurückgewinnt beziehungsweise erhält.

Die Berufsbezeichnung Ergotherapie kommt aus dem griechischen Ergon = Werk/Tat/Aktivität/Leistung. Sie gibt die Berufsinhalte der Beschäftigungs- und Arbeitstherapie wieder. Dies sind die Wiedereingliederung der Patienten in eine Aktivitäts- und Leistungsfähigkeit – körperlich, seelisch und geistig.

### Gelenkschutz

Hierzu gehört ein Übungsprogramm, das zum Beispiel in der Selbsthilfegruppe erlernt werden kann. Es umfaßt das Durchbewegen von Schultern, Ellbogen-, Hüft-, Knie- und Sprunggelenken.

## Was Ergotherapie beinhaltet

- Gezieltes Training der Selbstversorgung im persönlichen Bereich (zum Beispiel das selbständige Waschen, An- und Ausziehen).
- Erprobung notwendiger Hilfsmittel (Erleichterungen wie zum Beispiel ein Strumpfanzieher).
- Funktionelle Therapie (Einüben bestimmter Bewegungsmuster, Training des Gelenkschutzes, Seite 135).
- Neurophysiologische Therapie (zum Beispiel Training zur Verbesserung der Wahrnehmung, der Orientierungs- und Merkfähigkeit).
- Sozialkommunikatives Training (Anregung zum gemeinsamen Tun, zum Beispiel Spielen, Singen, kreative Tätigkeiten).

Der Gelenkschutz basiert auf einfachen Prinzipien:

- Nicht tragen, was man auch rollen kann (Einkaufswagen, Wäschewagen, Kofferroller, Servier-Boy).
- Muß getragen werden, dann immer körpernah.
- Jede Haltearbeit durch Antirutschunterlagen verringern.
- Druck und Erschütterungen vermeiden.

Hüftschonend sind Unterarm-Gehstützen oder ein Stock in der richtigen Länge. Der Gehstock muß natürlich rutschsicher sein. Bei großer Unsicherheit bieten sich Vierfuß-Gehhilfen an. Die hüftschonende Lebensweise umfaßt auch das Sitzen auf einem genügend hohen Stuhl, der die volle Streckung der leicht abgespreizten Hüftgelenke erlaubt (Arthrodesenstuhl).

Ergo-Tische erlauben die Anpassung der Platte an den Benutzer und an die jeweilige Tätigkeit. Spezielle Badehilfen geben zum Beispiel auch zusätzliche Sicherheit. Durch Hausbesuche des Therapeuten können Sie Ihr Zuhause ergonomisch sinnvoll gestalten lassen.

# Sexualität und Osteoporose

Körperliche Leistung und der Umgang mit unserer Umgebung sind sehr wichtig. Zu unserer Umgebung zählen auch Partnerschaft, Liebe und Sexualität. Natürlich können im höheren Alter chronische Erkrankungen die sexuelle Aktivität mindern.

Die Osteoporose betrifft jedoch nicht nur alte Menschen, sondern auch Frauen und Männer um das 50. Lebensjahr. Soll dann die Erkrankung in diesem Alter die sexuelle Freude beenden? Das wäre schlimm, denn Sexualität ist kein Vorrecht der Jugend. Ein gewisses Nachlassen der sexuellen Leistungskraft im Alter ist allerdings sowohl beim Mann als auch bei der Frau völlig natürlich.

## Störungen der Sexualität

Es gibt Störungen der Sexualität durch die Psyche, durch Medikamente und Krankheiten. Partnerschaftsprobleme, finanzielle und berufliche Sorgen, Angst vor der Zukunft, aber auch übermäßige Arbeitsbelastung mindern die sexuelle Lust. Erfreulicherweise ist dies zumeist vorübergehend.

Als Sexualitätsstörung bezeichnet man nicht nur das Nachlassen

### Medikamente mit Einfluß auf das Sexualleben

Eine Reihe von Medikamenten können sich ungünstig auf die Sexualität auswirken. Medikamente, die bei Bluthochdruck, bei Magengeschwüren und gegen Depressionen eingesetzt werden, verringern die sexuelle Leistungsfähigkeit. Hier sind besonders zu berücksichtigen: Beta-Blocker sowie wassertreibende Medikamente (Diuretika), H2-Rezeptorenblocker und Psychopharmaka. Auch Medikamente, die gegen epileptische Anfälle, Herzrhythmusstörungen und bei Krebserkrankungen verordnet werden, können Störungen des Sexuallebens auslösen.

Natürlich kann in vielen Fällen nicht auf diese Medikamente verzichtet werden. Fragen Sie Ihren Arzt um Rat, wenn Sie aufgrund der Medikamente eine Änderung Ihrer Sexualität beobachten.

*Jede Minute gemeinsam genießen – auch das ist Sexualität.*

des Triebes, sondern auch Störungen der Praxis selbst. Bei der Frau trocknet die Scheide aus, was dann zu Schmerzen beim Geschlechtsakt und zu Entzündungen führen kann. Beim Mann können Störungen der Potenz eintreten.

## Sexualität im Alter

Mit dem Alter – vor allem dann, wenn andere Erkrankungen vorliegen – werden in der Regel die sexuellen Praktiken entsprechend den psychischen und physischen Möglichkeiten variiert. Nicht selten nimmt dabei die Bereitschaft zum Geschlechtsverkehr ab.

Wenn ältere Partner zärtlich versuchen, dem anderen eine kleine Freude zu machen, dann ist das auch Sexualität. Freuden stimulieren die Hormone – das hilft, »jung« zu bleiben und Krankheiten zu verhindern.

## Hormonmangel bei Osteoporose

Wie Sie schon wissen, kann ein Mangel an Geschlechtshormonen eine Osteoporose verursachen –

bei Mann und Frau (ab Seite 36). Bei der Frau steht der Hormonmangel als Krankheitsauslöser im Mittelpunkt. Hier ist vor allem die Zeitdauer der Geschlechtsreife, also die Zeit von der ersten bis zur letzten Regelblutung, zu beachten.

Was können Sie tun? Zum einen können Sie Ihr Wohlbefinden und auch Ihre Lust durch eine Hormonersatzbehandlung steigern. Auch Ihre Knochen profitieren, weil ein weiterer Knochenschwund verhindert wird – der Knochen wird sogar neu aufgebaut. Gleichzeitig sollten Sie darauf achten, Ihrem Körper genügend Kalzium zuzuführen (Seite 51) und regelmäßig körperlich aktiv zu werden (Seite 60).

Sie werden sich wieder dazugehörig und begehrt fühlen: Der sexuelle Reiz wirkt sich auch beim älteren Menschen positiv auf Körper und Seele aus – die Osteoporose wird sozusagen an den Rand gedrängt.

### Angst vor Knochenbrüchen

Vielleicht haben Sie sogar bereits selbst erfahren, daß Osteoporose Knochenbrüche verursacht – mit zum Teil fast unerträglichen Schmerzen. »Verschwenden« Sie nun auch nur einen Gedanken an Sex? Üben Sie sich in Enthaltsamkeit? Eigentlich fehlt die Lust, und die Angst vor einem weiteren Knochenbruch kommt auch noch dazu. Diese Gefühle sind völlig verständlich, und Vorsicht ist sicher ange-

### Ergebnisse einer Befragung

500 Frauen im Alter von 47 bis 72 Jahren mit zum Teil bereits manifester Osteoporose wurden über ihr Sexualleben befragt:

Ledig: 121
Verheiratet: 304
Verwitwet: 75
Hormonersatzbehandlung: 193
Regelmäßiger Geschlechtsverkehr (wenigstens einmal pro Monat): 246
Kein Geschlechtsverkehr: 209
Nur ganz vereinzelt Geschlechtsverkehr: 45

**Gründe für die 209 Frauen ohne Geschlechtsverkehr**
Kein Partner: 106
Partner impotent: 72
Sexunlust, Schmerzen beim Verkehr: 168
Angst vor Knochenbruch: 41
Partner geht fremd: 19

bracht. Aber die Knochen halten durchaus eine natürliche körperliche Belastung aus!

Wenn man berücksichtigt, daß fast ein Drittel der Frauen, offenbar bedingt durch Hormonmangel, auf Partnerschaft und Liebe verzichten, kann sicher noch sehr viel getan werden.

Sowohl für die Frau als auch für den Mann kann die schönste Nebensache der Welt das Leben wieder schöner, gesünder und länger machen.

## Spannende Urlaubsplanung trotz Osteoporose

Die Diagnose Osteoporose bedeutet keinesfalls, daß Sie auf Fernreisen oder einen spannenden Urlaub verzichten müssen.

Patienten mit fortgeschrittener Osteoporose, bei denen das chronische Beschwerdebild im Vordergrund steht, werden natürlich dafür sorgen, daß

- die Reisezeit begrenzt ist,
- sie nicht selbst Koffer zu tragen haben,
- die Unterbringung in einer Unterkunft erfolgt, die Aufzüge statt steiler Treppen hat.

Vorteilhaft ist natürlich auch, wenn in der Urlaubszeit die

*Auch bei Osteoporose müssen Sie keinesfalls auf einen unterhaltsamen Urlaub verzichten.*

knochengesunde Ernährung – Milch, Milchprodukte, fettreiche Seefische – in gleicher Weise wie zu Hause möglich ist.

**Frau Binzers mutige Fernreisen**

Ausnahmen bestätigen die Regel. Frau Binzer aus Heidelberg ist bestimmt eine solche Ausnahme. Die inzwischen 87jährige Dame hat eine fortgeschrittene Osteoporose und ist dadurch in erheblichem Maß in ihrer Beweglichkeit eingeschränkt. Ihre Osteoporose hat vielfältige Frakturen im Bereich der Wirbelsäule verursacht. Zum Zeitpunkt der Diagnosestellung konnten die Ärzte Ursachen der Brüche im einzelnen nicht mehr feststellen.

Frau Binzer ist ein eindrucksvolles Beispiel für Courage, denn sie wollte sich zum 80. Geburtstag eine besonders schöne und spannende Reise gönnen. Das hat sie trotz aller »Osteoporose-Blessuren« in die Tat umgesetzt: Die damals 80jährige ist mit dem Geländebus von Pakistan über die Seidenstraße nach China gefahren. Sie hat alles unbeschadet und überglücklich überstanden. Es kam auch zu keinem weiteren Knochenbruch. Die »Reisetante« war als 71jährige das erste Mal in China. Heute, mit 87 Jahren, hindert sie ihre Erkrankung nicht daran, nach Finnland zum Opernfestival, an den Bodensee zu eben einem solchen und nach Irland wegen der grünen Wiesen zu reisen.

Frau Binzer ist sicher ein außergewöhnlicher Mensch, der aber den Osteoporose-Kranken Mut machen kann und aufzeigt, daß man sogar mit einer akuten Altersosteoporose noch Freude und Spaß am Reisen haben kann.

Konkret erhält sie ihre Lebenslust und auch ihre Fitneß durch ihr Selbstbewußtsein, ihre Emanzipation und ihre Zukunftsplanungen sowie durch ihr Wissen über die Krankheit.

# Ein »knochenfreundliches« Rezept

Das folgende Beispiel soll Ihnen zeigen, wie einfach es ist, auch im Alltag – mit geringem Zeitaufwand – eine »knochenfreundliche« Mahlzeit zuzubereiten. Wenn Sie für mehrere Personen kochen, multiplizieren Sie einfach die Mengenangaben mit der Zahl der Esser. Guten Appetit!

## Lauch im Käsemantel

**Zutaten für 1 Person**

250 Gramm Lauch
250 Milliliter Gemüsebrühe
2 Scheiben weicher Käse (zum Beispiel Tilsiter 45%)
Senf
1 TL Butter
1 EL Sahne
1 EL Weißwein
50 Milliliter Brühe
Muskat, Salz, Pfeffer

**Beilagen**

1 Scheibe Vollkornbrot
Grüner Salat, mit 1 Teelöffel Öl angemacht

**Nährwerte**

- 621 Kalorien
- 40 Gramm Fett
- 27 Gramm Eiweiß
- 36 Gramm Kohlenhydrate
- 810 Milligramm Kalzium
- 569 Milligramm Phosphat

### So wird´s gemacht

Den Lauch putzen und in etwa 10 Zentimeter lange Stücke schneiden. In der Gemüsebrühe kochen, bis der Kern gerade noch hart ist (etwa 10 Minuten). Den Lauch herausnehmen, etwas abkühlen lassen. Die Käsescheiben mit Senf bestreichen und um die Lauchstangen wickeln. Die Lauchrollen in eine gebutterte Auflaufform setzen, mit Sahne, Weißwein und Brühe übergießen, würzen. Bei 200 Grad etwa 10 Minuten im Ofen überbacken.

# 11

# Zum Nachschlagen

# Glossar

**Abbruchblutung**
Bei Einnahme einer Anti-Baby-Pille wird die »Monatsblutung« durch Absetzen oder Verringern der Hormongabe bewirkt, wobei die Blutung einige Tage verzögert auftritt

**Amenorrhoe**
Das Fehlen oder Ausbleiben der regelmäßigen Menstruation

**Anamnese**
Gespräch zwischen Arzt und Patient, bei dem der Patient die Vorgeschichte seiner Krankheit schildert

**Androgene**
Männliche Sexualhormone, die in geringem Maß auch bei der Frau zum Beispiel in den Nebennieren gebildet werden. Sie wirken unter anderem auf das Sexualverhalten, die Schambehaarung, Haut und Muskulatur

**Anorexia nervosa**
Sogenannte Magersucht, eine Eßstörung, die meist bei Mädchen in der Pubertät auftritt. Dabei kommt es zu einer veränderten Körperwahrnehmung, die selbst bei stärkstem Untergewicht noch massive Angst vor Gewichtszunahme bewirkt

**Atrophie**
Rückbildung eines Organs oder Gewebes, etwa infolge von Ernährungsmangel, verminderter Beanspruchung oder Hormonmangel (zum Beispiel Scheidenatrophie nach der Menopause)

**Beckenkamm-Biopsie**
Entnahme einer winzigen Gewebeprobe aus dem Knochengewebe, anhand deren Rückschlüsse auf Aufbau und Dichte des Knochens möglich sind

**Bisphosphonate**
Senken den Knochenumsatz, führen zum Aufbau von knöcherner Substanz

**Kalzitonin**
In der Schilddrüse gebildetes Hormon, Gegenspieler des → Parathormons. Es senkt den Kalzium- und den Phosphatspiegel im Blut

**Computertomographie**
Schichtenweise durchdringen Röntgenstrahlen den Körper quer zur Körperachse in definierten Abständen. Auf den mit Hilfe des Computers entstehenden Schnittbildern kann man Organe und Gewebe sowie eventuelle krankhafte Veränderungen erkennen

**Fischwirbel**
Durch beständigen Knochenabbau können sich die Grund- und Deckplatten eines Wirbels eindellen und es entsteht die im Röntgenbild sichtbare Form eines Fisches

**Fluoride**
Dieses Mineralsalz wird verabreicht, um die Knochenneubildung zu fördern. Dies senkt das Risiko von Knochenbrüchen

**Fraktur**
Knochenbruch

**Hartspann**
Druckschmerzhafter, umschrieben verhärteter Muskel mit Fehlhaltung und Verspannung

**Hormonsubstitution**
Ersatzgabe von Hormonen, die vom Körper nicht in ausreichender Menge gebildet werden

**Hysterektomie**
Operation, bei der die Gebärmutter entfernt wird

**Klimakterium**
Wechseljahre der Frau, in denen die Eierstöcke ihre Funktion einstellen. Mitunter werden sie von typischen Beschwerden begleitet. Die → Menopause fällt in diese Zeit und gliedert das Klimakterium in die → Prä- und die Postmenopause

**Kompakta**
Die aus mehreren Bestandteilen bestehende eng bepackte äußere Knochensubstanz im Gegensatz zur → Spongiosa

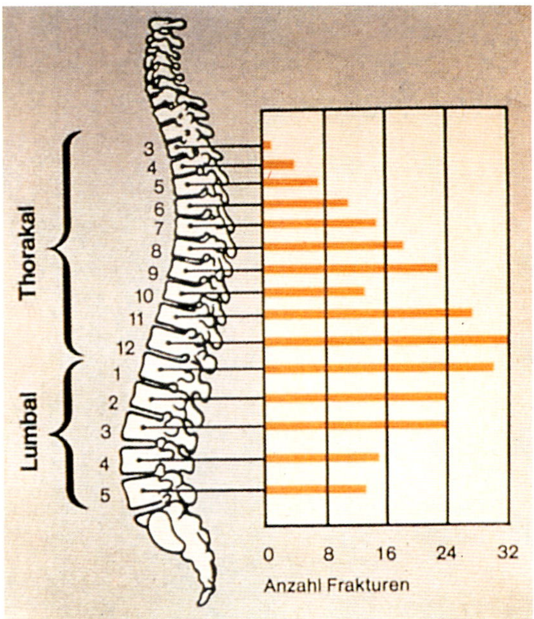


*Die Frakturhäufigkeit von einzelnen Wirbelkörpern ist unterschiedlich. Besonders gefährdet ist der Übergang vom Brustwirbelbereich (thorakal) in den Lendenwirbelbereich (lumbal).*

**Menarche**
Erste Monatsblutung im Leben einer Frau im Rahmen der Pubertät

**Menopause**
Letzte Monatsblutung. Heute meist um das 50. Lebensjahr

**Nullipara**
Frau, die noch kein Kind geboren hat

**Obstipation**
Verstopfung, weniger als drei Stuhlgänge pro Woche, oft verbunden mit Schwierigkeiten bei der Entleerung

**Oral**
Wörtlich »durch den Mund«; zum Beispiel bei Medikamenteneinnahme

**Osteoblasten**
Knochenzellen, die Knochensubstanz bilden

**Osteodensitometrie**
Hiermit läßt sich die Menge an Mineralsalz im Knochen messen. Dient zur frühzeitigen Diagnose von Osteoporose

**Osteoklasten**
Knochensubstanz abbauende Knochenzellen

**Oxalat**
Salz der Oxalsäure. Kommt vor zum Beispiel in Rhabarber, Spinat, Kakao und bindet im Darm Kalzium an sich, so daß dieses vom Körper nicht mehr aufgenommen werden kann

**Parathormon**
Produkt der Nebenschilddrüse, das über Knochenabbau Kalzium freisetzt und die Aufnahme von Kalzium aus dem Darm fördert, wodurch das Blutkalzium erhöht wird

**Peak Bone Mass**
→ Spitzenknochenmasse

**Periost**
Die den Knochen umhüllende Knochenhaut. Viele Gefäße und Nerven durchlaufen sie und ernähren den Knochen

**Postmenopause**
Zeitraum nach der → Menopause

**Prämenopause**
Zeitraum vor der → Menopause

**Spitzenknochenmasse**
Bis etwa zum 30. Lebensjahr ist die maximale Knochenmasse des menschlichen Skeletts erreicht. Danach beginnt der allmähliche, sehr langsame Abbau, wobei die

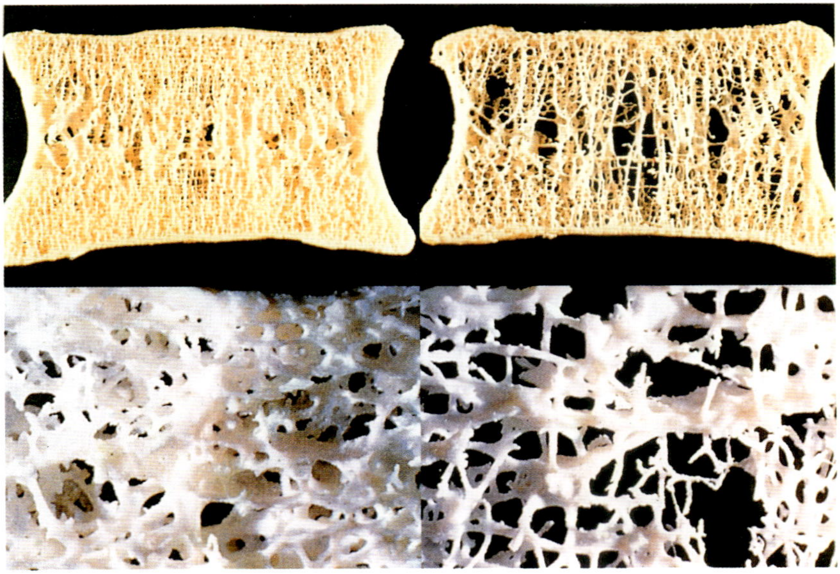

*Abbau der Spongiosa im Wirbelkörper aufgrund einer Osteoporose. Links im Bild ist ein gesunder Knochen abgebildet, rechts ein osteoporotisch veränderter.*

Wechseljahre bei der Frau eine Beschleunigung des Abbaus bewirken können

**Spongiosa**
Schwammartiges Gerüst feiner Knochenbälkchen, zwischen denen sich das Knochenmark befindet

**Tannenbaumphänomen**
Auf dem Rücken sichtbare Hautfalten, so als wenn zu viel Haut vorhanden wäre. Im Rahmen der Osteoporose liegt die Ursache in der Verkürzung der Wirbelsäule infolge von Wirbeleinbrüchen oder → Fischwirbelbildung

**Testosteron**
Ein → Androgen

**Transdermal**
Wörtlich »durch die intakte Haut hindurch«. So können bestimmte Medikamente aus einem Hautpflaster vom Körper aufgenommen werden, zum Beispiel Östrogene aus einem Pflaster

# Das Kuratorium Knochengesundheit e.V.

Osteoporose ist eine Erkrankung, bei der die aktive Mitarbeit der Betroffenen unabdingbare Voraussetzung für eine erfolgreiche Therapie ist. Vor diesem Hintergrund gründeten im Frühjahr 1987 die Mehrzahl der deutschen Osteoporose-Experten zusammen mit Patienten das Kuratorium Knochengesundheit e.V. Zu diesem Zeitpunkt hatte die medizinische Forschung erkannt, daß Osteoporose kein unabänderliches Schicksal des Älterwerdens ist, sondern daß durch entsprechende Vorbeugung, Vorsorge und Behandlung Schutz und Hilfe möglich sind.

Die Arbeit des Kuratoriums begann mit der Herausgabe des Patientenratgebers »Osteoporose« sowie intensiver Öffentlichkeitsarbeit. Der Patientenratgeber ist seitdem in einer Auflage von mehr als einer Million erschienen. Weitere Publikationen des Kuratorium Knochengesundheit sind »Osteoporose: Eine Standortbestimmung«, die jährlich erscheint, und die Zeitschrift »Mobiles Leben«, die vierteljährlich Patienten und Ärzte über neue Erkenntnisse und alte Erfahrungen informiert.

In den Jahren seit seiner Gründung hat sich das Kuratorium zu einer von den Medien, der Gesundheitsadministration und der medizinischen Fachwelt anerkannten gemeinnützigen Organisation entwickelt, mit rund 15 000 Mitgliedern, darunter Ärzte, Betroffene, Angehörige und Interessierte. Jedes Jahr werden etwa 40 000

## Selbsthilfegruppen

Das Kuratorium unterstützt die Gründung von Selbsthilfegruppen für Osteoporosepatienten, und vermittelt Adressen von wohnortnahen Selbsthilfegruppen, auch in Österreich und der Schweiz. Das Kuratorium ist engagiert, die Selbsthilfegruppen untereinander zu einer Zusammenarbeit zu bewegen.

Außerdem betreut das Kuratorium die Selbsthilfegruppen bei der Durchführung von Informationsveranstaltungen, indem es die erforderliche Logistik zur Verfügung stellt.

Anfragen von Betroffenen oder von Osteoporose Bedrohten beantwortet.

Die Autoren des vorliegenden Buches sind Mitglieder des Wissenschaftlichen Beirates des Kuratorium Knochengesundheit und gehören zu den führenden Osteoporose-Spezialisten Deutschlands. Satzungsgemäß hat sich das Kuratorium unter anderem folgende Ziele gesetzt:

- Schaffung eines Bewußtseins für die Osteoporose, um so der Erkrankung den gesellschaftlichen Stellenwert zuzuweisen, den sie bei ihrem Ausmaß und den Folgen für den Einzelnen und die Gesellschaft haben muß.
- Sammlung und Sichtung der neuesten wissenschaftlichen Erkenntnisse über Knochenerkrankungen und deren Aufarbeitung zur Fortbildung von Ärzten und Patienten, zum Beispiel in Form von Broschüren und Büchern, sowie die Durchführung von Fortbildungsveranstaltungen.
- Bindeglied zwischen den medizinischen Forschungszentren, den niedergelassenen Ärzten und den Patienten zu sein.
- Interessenvertretung der Patienten mit Knochenerkrankungen bei Fragen der Rehabilitation und Beurteilung von Krankheitsfolgen.

Weitere Aktivitäten des Kuratoriums sind regelmäßige Fortbildungsveranstaltungen für Ärzte sowie Ausbildungskurse zum »Kursleiter Bewegungsbehandlung Osteoporose«. Einmal im Jahr organisiert das Kuratorium eine Osteoporose Aktionswoche. Neben Fortbildungen für Ärzte bietet die Aktionswoche Osteoporose viel Information für Betroffene und Interessierte. Die Informationsveranstaltungen finden auch bundesweit unter Mitwirkung der Osteoporose-Selbsthilfegruppen, der Krankenkassen und anderen Organisationen statt.

Das Kuratorium Knochengesundheit e.V. ist Mitglied der European Foundation for Osteoporosis and Bone Disease, und fördert aktiv die osteologische Forschung. Es vergibt jährlich den Julius-Wolff-Preis an zwei Nachwuchswissenschaftler.

Helfen Sie mit, die Osteoporose zu bekämpfen, und treten Sie dem Kuratorium Knochengesundheit e.V. bei. Die einfache Mitgliedschaft ist beitragsfrei. Als Mitglied können Sie die viermal jährlich erscheinende Zeitschrift »Mobiles Leben« zu vergünstigten Konditionen beziehen. Bei schriftlichen Anfragen an das Kuratorium bitte das Rückporto nicht vergessen!

**Kuratorium Knochengesundheit e.V.
Leipziger Straße 6
74889 Sinsheim
Tel.: 07261-92170
(8.00 bis 12.30 Uhr)
Fax: 07261-64659**

# Zu den Autoren

**Prof. Dr. med. Manfred Fischer**
Facharzt für Radiologie und Nuklearmedizin, Habilitation in Nuklearmedizin. Seit 1985 Chefarzt des Institutes für Nuklearmedizin am Zentrum für Radiologie der Städtischen Kliniken Kassel (Lehrkrankenhaus der Universität Marburg). 1988 Ernennung zum außerplanmäßigen Professor.

**Prof. Dr. med. Christian Lauritzen**
Jahrgang 1923. Facharzt für Gynäkologie und Geburtshilfe, emeritierter Ordinarius für Frauenheilkunde und Geburtshilfe der Universitäts-Frauenklinik Ulm, bis 1992 Direktor der Frauenklinik. Direktor des Forschungsinstituts für Gynäkologische Endokrinologie, Sterilität und Menopause in Ulm. Autor zahlreicher Veröffentlichungen, unter anderem über Wechseljahre der Frau, Hormonbestimmungen und -behandlung.

**Dr. med. Gudrun Leidig-Bruckner**
Jahrgang 1962. Promotion über Wirbelsäulenosteoporose. Seit 1989 wissenschaftliche Assistentin in der Abteilung Innere Medizin I, Abteilung Endokrinologie und Stoffwechsel, der Universitätsklinik Heidelberg. 1991 Preisträgerin des Julius-Wolff-Preises des Kuratorium Knochengesundheit. (Mit-)Autorin zahlreicher Veröffentlichungen zum Thema.

**Prof. Dr. med. Helmut W. Minne**
Jahrgang 1942. Facharzt für Innere Medizin mit Zusatzbezeichnung Endokrinologie. Arbeitete als Oberarzt in der Abteilung Innere Medizin I, Endokrinologie und Stoffwechsel, der Universitätsklinik Heidelberg. Seit 1991 Ärztlicher Direktor der Klinik »Der Fürstenhof« in Bad Pyrmont. Seine wissenschaftlichen Schwerpunkte sind Kalzium- und Knochenstoffwechsel sowie Stoffwechselerkrankungen. Zahlreiche Veröffentlichungen. Wissenschaftlicher Sekretär des Kuratorium Knochengesundheit e.V.

**Dr. rer. nat. Susanne Nowitzki-Grimm**
Jahrgang 1959. Diplom-Ernährungswissenschaftlerin, Promotion im Fachbereich Pharmakologie und Toxikologie der Ernährung. Seit 1991 in freier Praxis tätig. Arbeitsschwerpunkte: Ernährungsberatung, Fortbildung von Fachkräften im Ernährungsbereich, Buchautorin.

**Manfred Polewka**
Jahrgang 1954. Diplom-Psychologe/Psychotherapeut. Arbeitete unter anderem mit Osteoporose-Patienten an der Klinik des Staatsbades Bad Pyrmont und am Institut für klinische Osteologie »Gustav Pommer« bei Prof. Dr. Minne. Seit 1994 an der Paracelsus-Roswitha Klinik II »Psychosomatik« in Bad Gandersheim. Veröffentlichungen zum Thema Osteoporose und Psyche.

**Prof. Dr. med. Johann D. Ringe**
Jahrgang 1946. Facharzt für Innere Medizin, Teilgebietsbezeichnung Rheumatologie. Seit 1988 als Leitender Arzt der Medizinischen Klinik IV Klinikum Leverkusen, Akademisches Lehrkrankenhaus der Universität zu

Köln, tätig. Seine wissenschaftlichen Schwerpunkte sind unter anderem primäre und sekundäre Skeletterkrankungen und Störungen des Kalziumstoffwechsels. Zahlreiche wissenschaftliche Publikationen.

**Dr. med. Jutta Semler**
Jahrgang 1941. Fachärztin für Innere Medizin. Seit 1992 Chefärztin der Abteilung Stoffwechselerkrankungen, Schwerpunkt Osteologie, des Immanuel Krankenhaus, Rheumaklinik, Berlin-Wannsee. Leitet seit vielen Jahren eine Osteoporose-Ambulanz für Betroffene. Ihr wissenschaftlicher Schwerpunkt liegt auf dem Gebiet Endokrinologie und Stoffwechsel. Zahlreiche Veröffentlichungen und Vorträge zum Thema Osteoporose.

**Prof. Dr. med. Edward Senn**
Facharzt für Innere Medizin. Ausrichtung auf Physikalische Medizin. Seit 1986 Lehrstuhl für Physikalische Medizin an der Ludwig-Maximilians-Universität München. Sein besonderes Interesse gilt der Überprüfung physikalischer Verfahren auf ihre physiologische Wirkungsweise und ihre klinische Wirksamkeit. Ein weiterer Schwerpunkt ist die systematische und methodisch exakte Beschäftigung mit den verschiedenen Techniken der Krankengymnastik und der Ergotherapie.

**Jochen Werle, M.A.**
Nach dem Magisterstudium seit 1990 als wissenschaftlicher Assistent am Institut für Sport und Sportwissenschaften in Heidelberg im Bereich »Sport mit Sondergruppen« und im Aufbaustudiengang »Sport in Prävention und Rehabilitation« tätig. Zuständig für »Bewegung und Sport für Menschen mit einer Osteoporose«. Seit 1990 arbeitet er auch als Autor und Referent für das Kuratorium Knochengesundheit e.V. Zahlreiche Veröffentlichungen zum Thema Osteoporose und Bewegung.

**Prof. Dr. med. Reinhard Ziegler**
Jahrgang 1935. Facharzt für Innere Medizin. Seit 1979 Ordinarius und Ärztlicher Direktor der Abteilung Innere Medizin I, Endokrinologie und Stoffwechsel, in Heidelberg. Seit 1994 geschäftsführender Direktor der Medizinischen Universitätsklinik und Poliklinik Heidelberg. Seine Forschungstätigkeiten sind unter anderem Diagnostik und Therapie von Kalziumstoffwechselstörungen und Knochenerkrankungen. (Mit-)Autor zahlreicher Publikationen.

**Prof. Dr. rer. nat. Dr. h. c. Manfred Zimmermann**
Jahrgang 1933. Studium der Physik, Habilitation in Physiologie. Seit 1971 Leiter der Abteilung »Physiologie des Zentralnervensystems«, seit 1973 Professor an der Medizinischen Fakultät der Universität Heidelberg. Sein Studienschwerpunkt ist die Schmerzforschung. Seit 1984 Präsident der Deutschen Gesellschaft zum Studium des Schmerzes. Zahlreiche Veröffentlichungen und publizistische Tätigkeit zum Thema Schmerz.

# Beschwerden- und Sachregister

# Impressum

## Bildnachweis

**Zeichnungen/Grafik:**
Martin Scharf

**Fotos:**
Isabella Valdivieso

**Weitere Fotos:**
Bavaria Bildagentur, FPG: Seite 140; Interstock: Seite 38; TCL: Seite 21, 77, 117, vordere Umschlagklappe außen
Ciba-Geigy, Division Pharma: Seite 10 (als Vorlage), 47, 48, 145, 147;
Helmut Stettin, Frankfurt: Seite 70
IFA-Bilderteam, F. Lance: Seite 6;
Westenstock: Seite 119
Mauritius, Superstock: Seite 97
Opfermann Arzneimittel: Seite 62, 89, 92
Tony Stone, Chris Harvey: Seite 34; Christopher Bissell: Seite 127; Ken Fisher: Seite 138
Techniker Krankenkasse, Broschüre »Schmerz«: Hintere Umschlagklappe außen
Christian Teubner: Seite 31, 52, 54
Fotodesign Georg M. Wunsch: Hintere Umschlagklappe innen



**Wichtiger Hinweis**

Dieser Ratgeber richtet sich vorwiegend an Patienten und ihre Angehörigen. Dargestellt und erläutert sind Ursachen, Verlaufsformen und Behandlungsmöglichkeiten von Osteoporose. Die Autoren haben bei der Erstellung dieses Ratgebers größtmögliche Sorgfalt walten lassen. Die Informationen aus diesem Ratgeber können keinesfalls eine ärztliche Behandlung ersetzen. Die individuelle Therapie muß anhand der konkreten Befunde mit dem behandelnden Arzt vereinbart und bestimmt werden.

Redaktion: Dr. Felicitas Zorn
Lektorat: Michaela Fritsch
Herstellung: Eva Hehemann
Layout und Umschlaggestaltung: Ludwig Kaiser
Satz, Reproduktion der Zeichnungen: Buch & Grafik Design, Günther Herdin GmbH, München
Reproduktion: Fotolitho Longo, Bozen
Druck und Bindung: Druckhaus Kaufmann, Lahr

ISBN 3-7742-2893-0

| Auflage: | 4. | 3. | 2. | 1. |
|---|---|---|---|---|
| Jahr: | 99 | 98 | 97 | 96 |

# Unser Gesundheits-Programm

Um dauerhaft gesund zu bleiben, vertrauen viele Menschen heute wieder auf die eigenen Kräfte und gehen bewußter mit Körper und Seele um. Die **Ratgeber Gesundheit** von Gräfe und Unzer bieten Expertenrat zu aktuellen Gesundheitsthemen und eine Fülle von praktischen Übungsprogrammen. Sie zeigen, wie man die eigenen Kräfte mobilisieren und das Wohlbefinden steigern und erhalten kann.
Intensiv und umfassend informieren die **Großen GU Ratgeber** über wichtige Themen wie „Homöopathie", „Fasten", „Ätherische Öle" und „Heilpflanzen".

Änderungen und Irrtum vorbehalten.

39,80 DM

19,80 DM

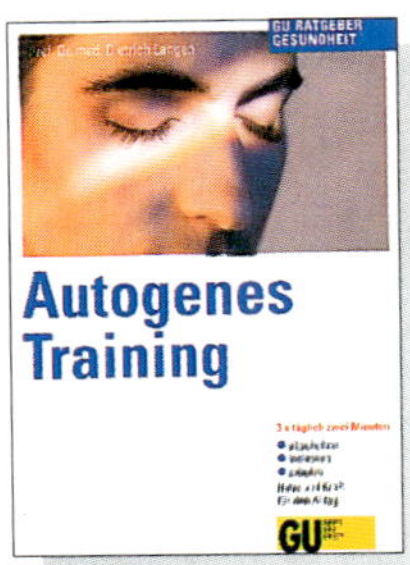


19,80 DM

19,80 DM

39,80 DM

**Mehr draus machen**
**Mit Gräfe und Unzer**

GU GRÄFE UND UNZER

# Welche Lebensmittel liefern wieviel Kalzium? (in mg/100g)

## Milch und Milchprodukte

| | |
|---|---|
| Butter | 13 |
| Buttermilch | 109 |
| Crème fraîche, 40% | 73 |
| Dickmilch, 3,5% | 120 |
| Dickmilch, 0,3% | 125 |
| Dickmilch mit Früchten | 100 |
| Eiscreme | 160 |
| Frischmilch, 3,5% | 120 |
| H-Milch, 3,5% | 120 |
| Frischmilch, 1,5% | 123 |
| H-Milch, 1,5% | 123 |
| Fruchtjoghurt | 100 |
| Grießbrei | 160 |
| Hüttenkäse | 800 |
| Joghurt, 3,5% | 120 |
| Joghurt, 1,5% | 123 |
| Joghurt, 0,3% | 125 |
| Kaffesahne, 10% | 110 |
| Kefir, 3,5% | 120 |
| Kondensmilch, 7,5% | 242 |
| Milchreis | 120 |
| Pudding | 100 |
| Sauermolke | 100 |
| Saure Sahne, 10% | 110 |
| Schichtkäse | 120 |
| Schlagsahne | 80 |
| Speisequark, mager | 92 |
| Süßmolke | 68 |